不動産投資で「お金持ち列車」に乗ってみた。

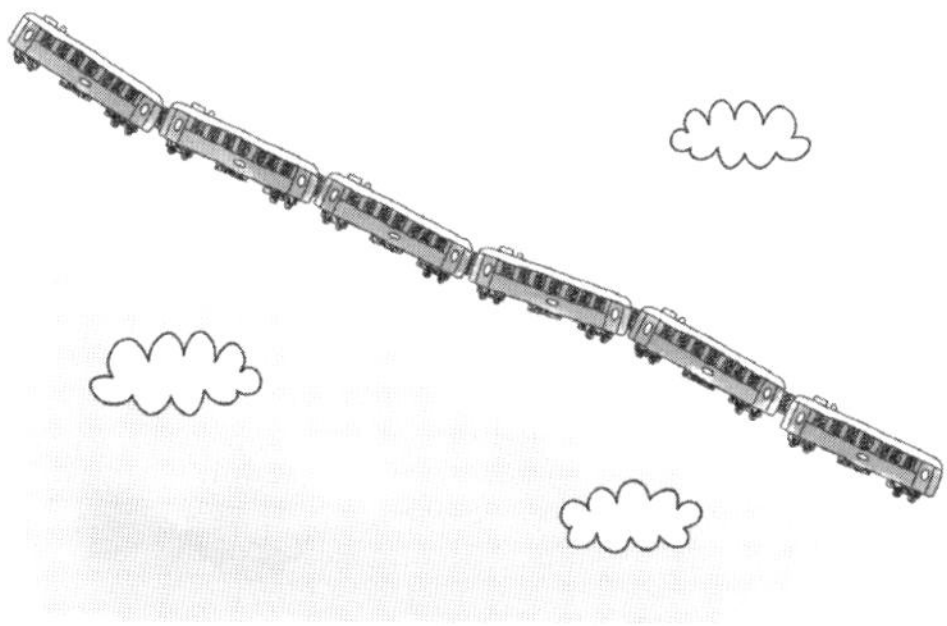

Vシネ大家

クラブハウス

はじめに

数ある不動産投資本の中から、本書を手に取っていただき、ありがとうございます。Vシネ大家と申します。

この「Vシネ大家」というニックネームは、私の顔が日本人にしてはかなり濃く、Vシネマで活躍する某俳優さんに似ていることから、仲間内で呼ばれ始めたものです。

現実の私は、北海道在住の普通の会社員。それもいわゆる一流企業勤務のエリートサラリーマンなどではなく、高卒で社会に出て以来職を転々とし、13年前にようやく大手量販店の正社員になりました。毎日店舗で地道に営業をしていました。年収もごく平均的な額です。

実家は農家で裕福とはいえず、多額の貯金があったわけでもありません。

そんな自分が、思い切って不動産投資を始めて7年目。

現在の所有物件は、アパート10棟　戸建2棟、103室、テナント3件。

借入総額は約6億円超、税引き後の月額キャッシュフロー150万円（年収1800万円）を達成しました。

上を見ればきりがありませんが、この年収レベルは日本人全体の上位２％に位置するそうです。元貧乏な自分からすると、僭越ながらお金持ちの末席の端っこ位には座れるのではないかと思っています。

私が不動産投資に出会ったきっかけは、たまたまゴルフ場で不動産関係の仕事をしている男性と一緒になったことでした。彼はマイホームの購入を検討中だった私に「同じ家を買うのでも賃貸併用住宅というやり方があるよ」とアドバイスをしてくれたのです。

それまで「マイホームは欲しいけど、ローンの返済が大変そうだな！」くらいにしか考えていなかった私は**「自分の家のローンを、他人である入居者が払ってくれる。そんな世界があるのか！」**と大きな衝撃を受けました。

このアドバイスをくれた男性こそ、後に私のメンター・不動産投資の師匠となる末岡よしのり氏でした。あとから知ったのですが、末岡氏は収益不動産会社の社長さんで、“日本のロバート・キヨサキ”とも呼ばれるほどの資産家、「ギガ大家さん」でもあったのです。

末岡氏は「お金持ち列車の乗り方」（東邦出版）という本も出版されています。この本の中で末岡氏は、人生を列車に例え、お金の苦労ばかりの「満員電車」から降りて「お金持ち列車」に乗り換える方法を紹介しています。

「お金持ち列車」に乗るには、最低でも資産1億円が必要だといいます。日本の全人口の中で、資産1億円を持つお金持ちはたった2％、そしてお金持ち研究の第一人者加谷珪一氏によると、日本における資産1億円以上のお金持ちは次の3種類に分類されるそうです。

1、芸能人、スポーツ選手、漫画家、医師、弁護士などの「特殊な技能職」（20％）
2、企業経営者（40％）
3、不動産所有者（40％）

2018年に起こった「するが銀行」の不正融資問題に端を発し、2019年には**各金融機関の不動産融資に対する姿勢が急に厳しくなった**のは、皆さまもご存知の通りです。これまでであれば問題なくフルローンで購入できていた物件でも、多額の自己資金を要求されたり、融資そのものが否認されるケースが増えています。

私はメンターとスタート時期に恵まれたおかげで、不動産所有者として、ぎりぎりでこの「お金持ち列車」に飛び乗ることができました。今振り返ると、非常にラッキーだったと思います。

私が短期間で多額の融資を受けて規模を拡大したこと、人口減が見込まれる地方投資をしていること、そして私自身に不動産投資家としての経験が乏しいこと等々のリスク要因を数え上げて、

「無謀な投資をしている」

「破綻するのではないか?」と心配してくださる方も多くいます。

しかしリスクに投資はつきもの。リスクに怯えてチャンスを見送り続けている人は、一歩もそこを動けません。動かなければ損はしませんが、現状を変えることもできません。**日々着実に、最も貴重な資産である自分の時間や若さは失われていきます。**リスクを取らないリスクも、けして小さくはないはずです。

例えば、本文でも触れていますが、本書刊行直前に、突然世界的な流行となった2020年の**中国武漢発の新型コロナウイルス感染症では、北京、上海などの大都市80か所以上が封鎖されて、3億人以上が自宅に閉じ込められました。**実に2億人がネットを活用したリモート(テレ)ワーク(SOHO、在宅勤務)で、生命と仕事を守ったのです。

本書を読まれている時点で世界がどうなっているか、想像もつかないのですが、一度収束していたとしても、世界的なパンデミックは、人類に密度の高い都市空間の脆弱性を浮き彫りにしました。**この事件は、世界の景気動向、不動産投資に大きな影響を与えています。**

未来のことは、だれにも予測不能なのです。

本書では、具体的な不動産投資のテクニックやノウハウよりも、投資をスタートしお金持ちになるために欠かせない、メンタルブロックの外し方やマインドの部分に焦点をあてています。不動産投資のテクニックに関する本はたくさんありますが、私が参考にさせていただいているメンター諸氏や私自身の経験でいえば、**投資で一番大事なことは、信頼できるパートナーから良い情報を得て、いけると思えば、即座に「買います！」と行動する意志と自分を信じる力**だと実感しているからです。

私の「お金持ち列車」は発車したばかりで、目的地までは長い道のりがあります。順調に進める時もあれば、途中でトラブルや困難に見舞われることもあるでしょう。成功するのか失敗するのか、私にも未来のことはわかりません。

そんな道半ばの私だからこそ、私のこれまでの経験談、そして飛び乗った「お金持ち列車」の窓から見える景色、現在どんな事を考え、何を大切にしているのか、そしてこれからお金持ち列車に乗るためにはどうしたらいいのか、率直にお伝えできればと思います。

本書が、ホームで迷っている皆さんが「お金持ち列車」に乗るきっかけになれば、これ以上の幸せはありません。

Vシネ大家

【もくじ】

はじめに 2

第1章 なぜ私がお金持ち列車に乗れたのか 17
●私の生い立ち、そして転職を重ねる暗黒の20代 18
●メンターとの出会い、投資のきっかけはマイホーム 22
●「賃貸併用住宅」とは？ 24
●初めての物件購入！自己資金は改装費30万円だけ 26

第2章 お金持ち列車に乗るための条件 29
●お金持ちになるための方法は3つしかない 30
●種銭がない人間が投資をするには、不動産投資しかない！ 33
●「借金」は「お金持ち列車」に乗るためのファストパス 35
●AIによる「フィンテック」査定革命 38

●借金は年収の何倍まで可能？ 40
●借金は怖いという、メンタルブロックの破壊 41
●メンタルブロックとは？ 45
●お金持ち列車に乗り換えるタイミング 48
●リスクなのか、チャンスなのか。それを決めるのは自分の心 50
●私を変えた4人のメンターS氏との出会い 52
①S1 末岡氏（2015年4月） 52
②S2氏（2014年5月） 53
③S3氏（2015年7月） 54
④S4氏（2016年7月） 54
●信頼して「買います！」といえる人脈づくり 55
コラム❶ 夢ノートを付けて願望実現 57
第3章 特別対談 Vシネ大家×末岡由紀（「お金持ち列車の乗り方」著者）前半 59
●対談 末岡由紀氏：Vシネ大家 60

◆二人の出会い 63
◆最大のピンチ＝メンタルブロック 70
◆即答の「買います」で道が拓けた 73
◆良い業者さんの見分け方 75
◆人間観察を重ねて、ウィンウィンの関係を築く 78

第4章　不動産購入の流れ 81

■1棟目 83
■2棟目 84
■3棟目 85
■4棟目 86
■5棟目 87
■6棟目 88
■7棟目 89
■8棟目 90

コラム❷ 運をよくする 92

第5章 お金持ち列車乗車のテクニック 95

●やらなきゃ分からない、サラリーマン大家さん 96
●サラリーマン大家さんのメリット・デメリット 97
●手残りの目安は総投資額の2％程度 98
●キャシュフローの計算 100
●キャッシュフローには波がある 101
●投資のスケールメリットを考える 103
●不動産投資の損と本当のリスク 105
●お金に幻惑されない、強い心を持つ 107
●その家賃、お金はどこからきたのか？ 108
●付き合う人を絞る 110
コラム❸ 本当は失敗などない 114

第6章　予測不能時代の不動産投資の今後

●みんなが知りたい、予測不能時代の不動産投資の今後 117
●長期的には、不動産価格は下落するのか？ 118
①オリンピック以降、不動産市場は暴落するのか？ 119
②建築現場の人手不足は続くのか？ 119
③度重なる気候変動による大型天災の復興需要と「ハザードマップ」リスク 120
④消費増税の影響は？ 121
⑤マンション・バブルの崩壊はチャンスか？ 122
⑥２０２２年「生産緑地法」の安い農地課税撤廃による住宅転用 123
⑦将来、省エネ基準が義務化 124
⑧予測不能なパンデミックの「都市封鎖」とテレワーク在宅勤務需要 125
⑨少子化と空家、空室の増加 127
●一番のリスクはやはり「空室」 127
コラム❹ Vシネ流、お金持ちになる為に 128

第7章　地方、北海道の投資事情 137
●成功できたのは、地元・北海道だったから？ 138
●地方の不動産投資の展望 142
●自分の強みのある地域で、地縁、人脈を活かした投資を 144
●田舎は都心よりも便利な、クルマ消費社会 145
●土地勘のない東京の投資家にとってはリスクも 146
コラム❺ 満室経営の極意は、大家自身が満室になると信じること！ 147

第8章　私が実践する『しらす』の不動産経営とは？ 151
●「しらす」という考えと出会う 152
●皇室を支えた「しらす」とはなにか？ 154
■1.「しらす」と「うしはく」 154
■2.「しらす」とは、国民の喜び悲しみを「知る」こと 154
●「しらす」の不動産経営 156
●「しらす」の経営、そのルール 158

ルール　その1　「怒らない」感情のコントロール　158
ルール　その2　「文句を言わない」自責の念を持つ　159
ルール　その3　「相手を知る」力を引き出す　159
●不動産会社、管理会社との「しらす」流お付き合い　161
コラム❻　私を変えた名言10選＋α　163

第9章　特別対談　Vシネ大家×末岡由紀氏　後半　167
◆好きな物件、嫌いな物件のタイプ　169
◆大家業を通して実現したい夢は？　172
◆誘惑や欲望に打ち勝つには？　174
◆読者へのアドバイス　176

あとがき　180

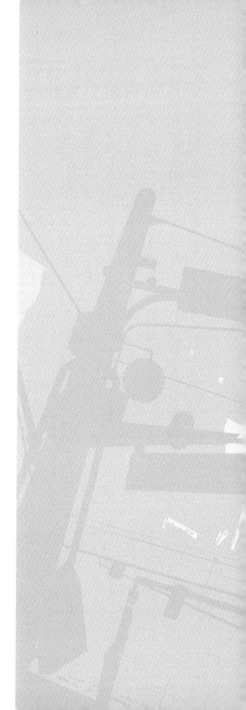

1章

なぜ私がお金持ち列車に乗れたのか

●私の生い立ち、そして転職を重ねた暗黒の20代

まず簡単ではありますが、私自身の自己紹介をさせていただきます。

私は1978年、北海道の農家の長男として生まれました。姉1人、妹2人、兄弟で唯一の男子です。実家は今も農業をしています。

金銭的にはあまり豊かではありませんでしたが、北海道農家の広大な大自然とともに育ちました。国民的ドラマで人気のあった「北の国から」のように、地平線まで田畑が広がり、春には大きな鯉のぼりがあげられ、それをいつまでも眺めていた、そんな果てしない大地の子供が自分です。

田舎のため、新聞の朝刊が来るのはいつもお昼前でした。世の新聞は、皆そうだと思っていたくらい、牧歌的な空気の中で育ちました。

私ののんびりした性格や、もとから備わっている「安心感・自己肯定感」は、生まれ育った北海道の大自然に培われたように思います。

自然に身を任せながら、やるべき時期にやるべき仕事をし、長いスパンで物事をとらえ、じっくり最適な時期を待ち、いざというときには直感を信じて即行動する…実は農家出身であることも、不動産投資の世界には向いているのではないかと感じています。

不良でもなく、優等生でもない、ごくごく普通の田舎の少年として育った私は、家の経済状況もあり高卒で就職する道を選びました。就職先は地元のガソリンスタンドです。

しかし残念ながらこの職場とはそりが合わず、社会人としては最悪の「失踪」という形で職場を去ってしまいました。これを皮切りに、転職を繰り返す苦難の20代を過ごすことになります。

【私の華麗な？職歴】

- 18才　ガソリンスタンドに就職、そりが合わず失踪して退社
- 19才　工場に勤務したものの、不景気でリストラ
- 20才　測量会社に転職。独学で測量士補の資格を取得するものの、リストラ
- 22才　自動車整備のアルバイト
- 23才　介護士になるが、安すぎる給料と激務で心身を壊す
- 24才　葬祭業の会社に勤めるが、バイク事故で重傷、退職勧告を受ける
- 26才　派遣で現場監督
- 28才　大手量販店に就職（その後正社員）
- 34才　不動産投資をはじめる

見返してみると、我ながら良くぞここまで迷走をしたものだと思います。
もちろん、私だって好きで転職を重ねたわけではなく、それぞれ理由があってのことでした。激務の割には待遇の悪い、いわゆるブラックな職場も多く、のんびりとした性格の私には合わないところもありました。自分なりに必死に努力して道を探しても報われない、そんな暗黒の時代でした。

当時の印象深いエピソードがあります。

私が妻と出会ったのは、21才の頃。そのころの私は失業中で、当然ながら収入も貯金もほとんどない状態でした。

そんな私とのつきあいに、妻も不安があったのでしょう。ある占い師に私の事をみてもらったそうです。するとその占い師は「その彼は将来、事業を起こして大成功するよ！」と答えたそうです。

面白いのは、妻が何も疑わず素直にその言葉を受け入れていたこと。

「あなたは将来事業を起こして、大成功するんだって！」

こういわれた私も、ごく自然に「そうか、俺もそんな気がする！」と受け入れていました。


経済的にもどん底の時代に、なぜ妻も私も占い師の「将来事業を起こして成功する」という言葉を信じられたのか？

今思うと不思議ですが、おそらく本来は、**自己肯定感の強い私は、潜在意識では自分の可能性を強く信じていた**のだと思います。

確かなのは、どちらかが「そんな占いなんて当たらない。嘘に決まっている！」と否定していたら、今の幸せはなかったということです。なお、私は現在幼い3人の子供（3才、5才、7才）の父親として、毎日育メンとして奮闘中です。

今では不動産投資家「Vシネ大家」としてセミナー講師をさせていただく機会も増えましたが、若い方に声を大にして言いたいのは、たとえ苦境にあったとしても希望を捨てず、自分を信じる気持ちを失わないで欲しいということです。

心理学的にも、自己肯定感の強い人には、運を招き寄せる力があることが証明されています。**根拠のない自信でも、周りから笑われたとしても、とても重要なパワーなのです。**自分を信じて、前向きなマインドで努力を怠らずにいれば、運命の転機は意外なところでやってきます。

私の場合は、28才で量販店に就職したことが一つの転機となりました。最初は契約社員でしたが途中から正社員登用され、結局この会社には13年間もお世話になりました。おかげで、安定した生活の基盤を作ることができました。

ちなみに年収は約５００万円、日本人の男性会社員としてはごく平均的な額です。自分自身でも、「自分はごく平凡なサラリーマンで、特に誇れる点もない」と思っていました。しかし、実はこの「会社員」という属性こそが、お金持ち列車の最初の切符だったのです。

●メンターとの出会い、投資のきっかけはマイホーム

では、ごく平凡な会社員である自分が、なぜ「お金持ち列車」に駆け込み乗車することができたのか。そのきっかけをご紹介します。

今から12年前、職場のお客様にI先生と言うゴルフの先生がお

※最初の投資案件が賃貸併用

られました。I先生の生徒さんの中に、最初のメンターである末岡氏（書籍「お金持ち列車の乗り方」著者、不動産投資会社「パーフェクトパートナー」代表）がいたのです。

何気ない会話をしている中で、当時、自宅の購入を検討していた私がどんな物件がいいか相談すると、こう言われたのです。

「同じ家を買うのでも賃貸併用住宅というやり方があるよ」

「それってなんですか？」

初めて聞く言葉に戸惑う私に、末岡氏はこう説明してくれました。

「同じ家を買うのでも、**頭の良い人は、低利の住宅ローンが付く「賃貸併用住宅」、つまりアパート部分のある自宅を建てています。そうすれば、部屋を借りた人が、住宅ローンを払ってくれま**すからね…」

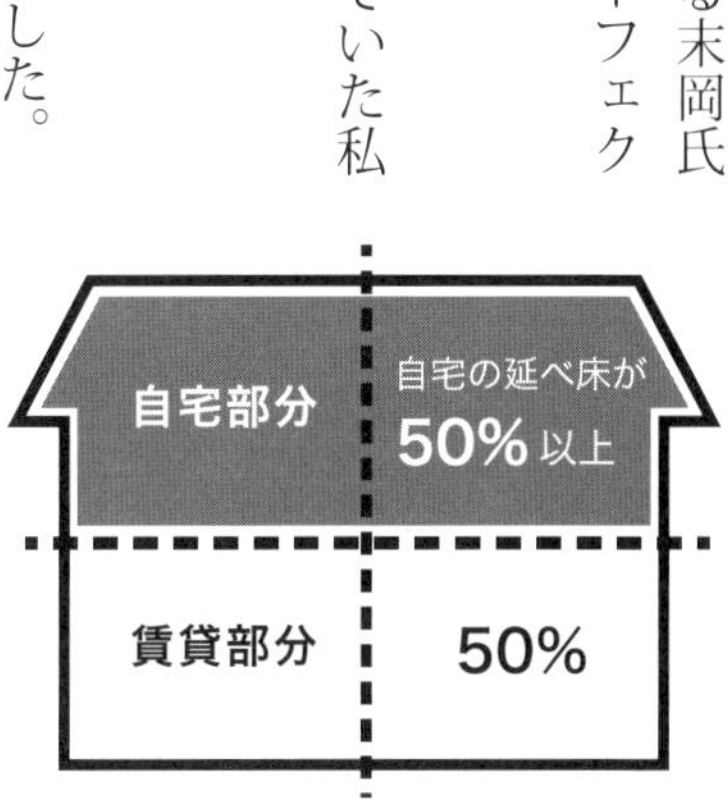

！！！　衝撃でした。

普通に生きていれば皆さんそうだと思いますが、マイホームを購入すると、当然ながら自分と家族が住んで、長い期間をかけてローンを払っていく。それが常識だと思っていたので、まさに目からウロコ、かなりの衝撃を受けました。

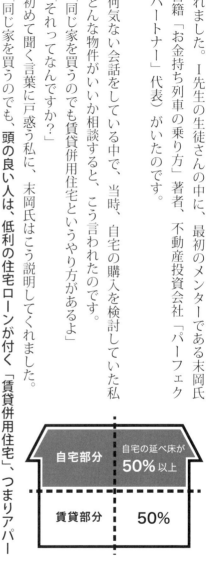

●「賃貸併用住宅」とは？

ここで、簡単に賃貸併用住宅についてご説明します。

通常、住宅ローンは自分の収入から返済していきます。ところが、賃貸併用住宅では人に貸すアパート部分の家賃収入もあるため、その収入を自宅部分のローン返済に充てることができるのです。当然毎月のローン返済の負担は軽くなりますし、場合によっては家賃がローン返済額を上回り、収支がプラスになる場合もあります。

普通のマイホーム＝自分で住んで自分がローンを払う

賃貸併用＝自分と賃借人が住んで、賃借人の賃料でローンを払う

なお、通常収益物件を融資で購入する場合は「アパートローン」を組みますが、アパートローンの金利は2〜5％程度と高めです。また、最近は銀行の融資姿勢が厳しくなり、自己資金を2〜3割は求められるようになっています。

一方、住宅ローンは国の支援もあり、どんな時代になってもローンの中では審査が緩く、金利もかなり低く（２０１９年現在、変動の場合1％前後の水準）設定されています。また、住宅ロー

アパート・マンション投資との比較（必要自己資金）

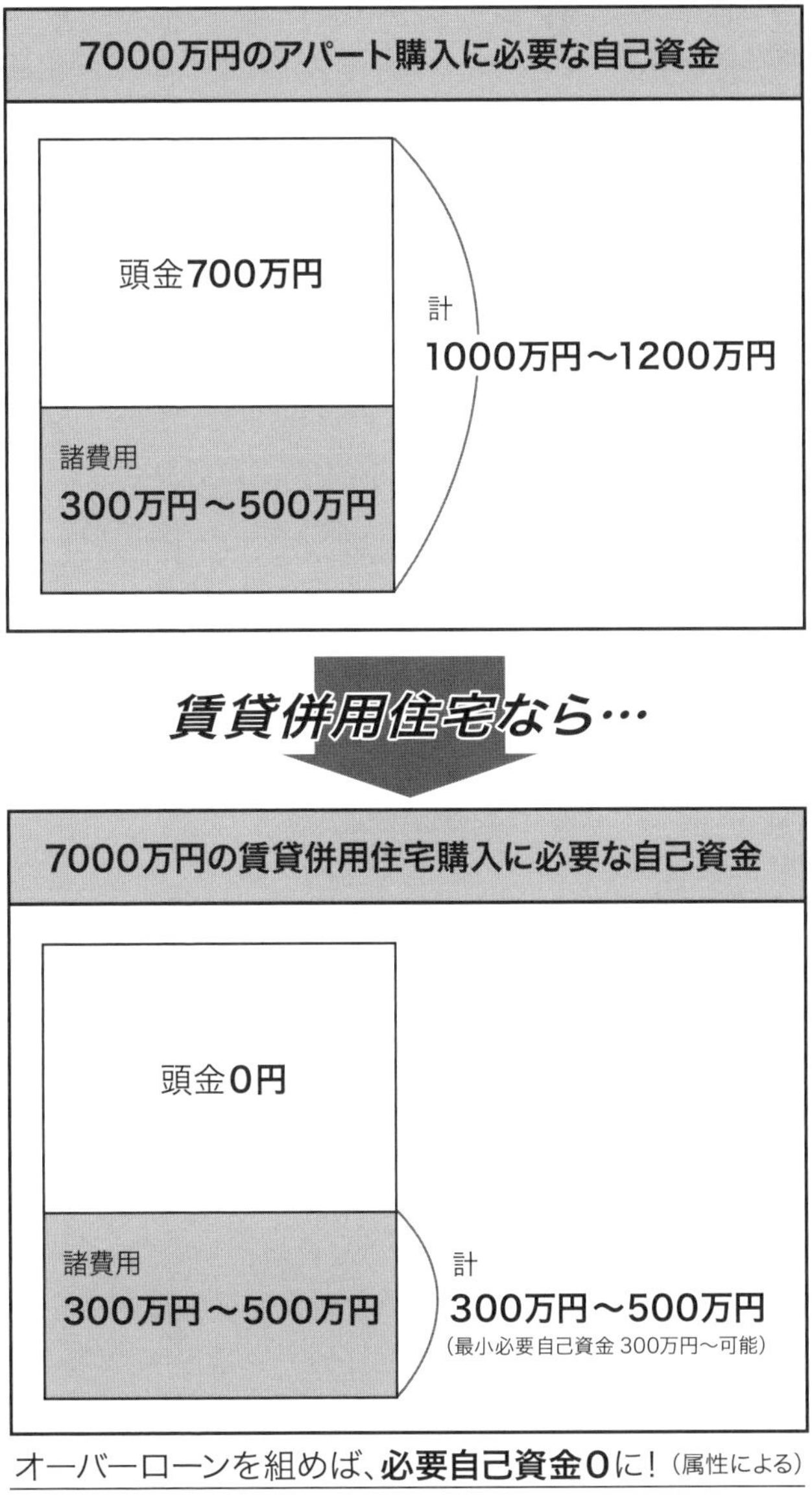

ンは最長35年という長期で組むことができますので、毎月の返済額を少なく抑えることができます。自宅部分については住宅ローン減税を利用することができるのも、大きなメリットです。

このようにメリットの大きい「住宅ローン」を使いながら賃貸経営もできる「賃貸併用住宅」は一挙両得の方法だといえるでしょう。

私は早速、中古の二世帯住宅をターゲットに物件を探し始めました。しかし問題は、なかなか良い物件が出てこないという点です。末岡氏もこの点を賃貸併用住宅投資の難点としてあげておられました。

●初めての物件購入！自己資金は改装費30万円だけ

そんな時に、妻が玄関が二つある「賃貸併用住宅」の条件にあう物件を探してきました。良い物件だったので50万円の指値を入れて買い付けを入れたのですが、2番手だと言われました。そこで、50万円の指値をやめて満額ではどうかと打診したところ、1番手となり、そのまま勢いで購入することができました。

この物件を完全な2世帯住宅にするための改修工事は30万円でした。購入後初めて客付け会社に営業に行き、おかげさまで借家部分はすぐに入居が決まりました。

その後も似た物件を探していますが、2世帯でこの物件を超えるものには、その後出会っていません。最初の投資案件としてもラッキーだったのだなと感じています。

なお、**最初に購入した賃貸併用住宅の改修資金30万円が、私が今持つ物件で自己投資した唯一の資金**であり、後々の資金はすべて不動産からのキャッシュフローから得ています。

ここで学んだことをまとめると、次のようになります。

①「賃貸併用住宅」という新しい考えを受け入れたこと（学ぶだけではダメ）

会社員として給与をもらうだけではなく「不動産投資」で家賃を得て資産を増やしていくという考え方を学んだ。

②実際に行動したこと（やってから、考える）

物件を見つけてくれたのは妻ですが、実際に買い付けをいれ、住宅ローンを組むなどの行動をしたのは自分です。やる前に悩んでいても仕方ない、問題点があっても行動することでなんとかなる、その精神が大事だと思います。

③妻が不動産投資を理解し、協力してくれたこと

家庭人であるかぎり、妻に投資活動への理解がないと、今のような投資規模拡大→脱サラモードにはなれなかったと思います。家族の理解と協力は不可欠です。

④指値を撤回して満額でも購入したこと

どうしても欲しいと思う良い物件があったら、下手に指値など入れずにすぐに「買います！」と満額で買付を入れるようになりました。微々たる指値分など購入後得られるキャッシュフロー数か月分で回収できるからです。

もちろん高く買いすぎてしまえば投資として成り立ちませんので、自分なりの投資判断が重要なのは言うまでもありません。

2章

お金持ち列車に乗るための条件

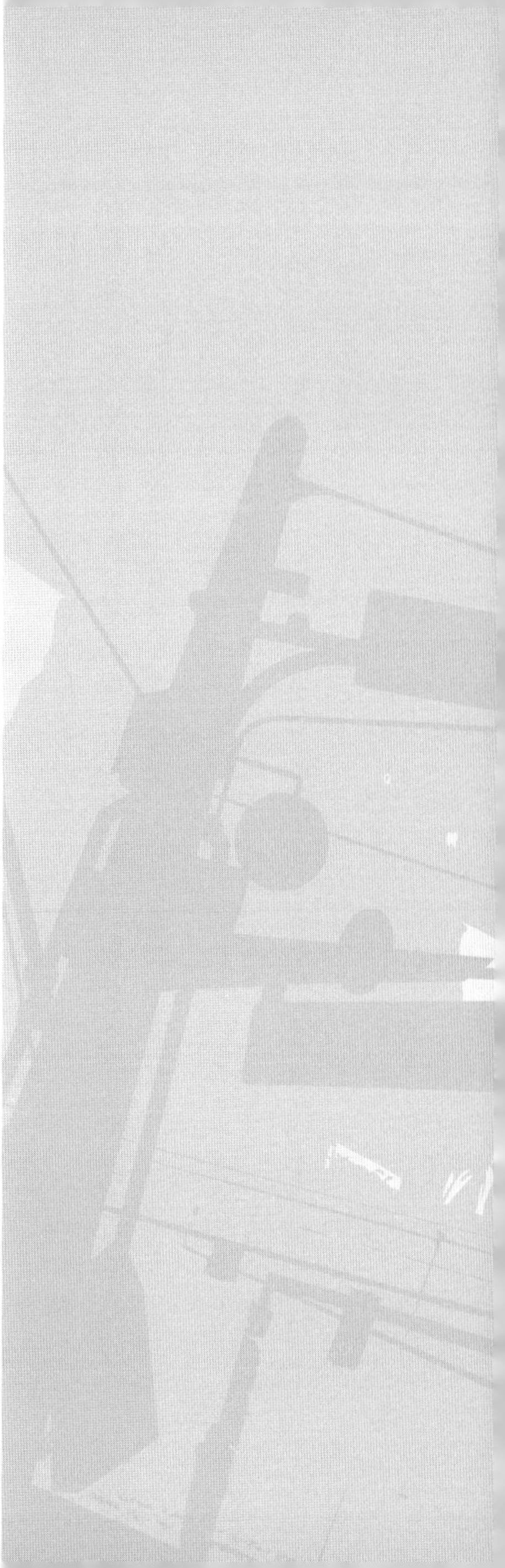

●お金持ちになるための方法は3つしかない

「お金持ちになるためには、どうしたらいいと思いますか?」

私がセミナーなどでこの質問をすると、多くの人はこのように答えます。

(1)収入を増やす
(2)支出を減らして貯蓄をする
(3)投資をして資産を増やしていく

確かにこのような地道な方法が王道でしょう。

しかし、雇われて給与で働く会社員の場合、自分の努力で収入を増やすには限界があります。副業をしようにも、副業規定があってできなかったり、時間的余裕がないという人も多いでしょう。

また、たとえ年収が増えたとしても、年収相応に生活費も増えていきます。入ってきたもの(収入)から出て行くもの(支出)を引いた残りが貯蓄です。収入がいくら増えても、同じだけ支出が増えれば貯蓄額は変わりません。

なお、私の最初のメンターの末岡氏によれば、お金持ち列車に乗車するための切符の価格は、「1億円以上」だということです。

これはどういう意味かというと、**(3)の投資をして資産を増やす**ことを考える場合、最低でも種銭が「1億円」はないと始まらないということです。

例えば1000万円の利回り10%は100万円にしかなりませんが、1億円の利回り10%は1000万円になります。(この利回り10%というのは、投投資先さえ選べば、けして実現不可能な数字ではありません)

種銭が多いほど投資先を分散し、リスクを下げることもできます。

また、お金はお金を生みます。例えば現金で1億円を持っている場合、1億円はそのまま使えば一億円の価値しかありません。しかし金融機関への見せ金として使ったり定期預金にいれたりすれば、その担保力で何倍もの融資をうけて、他の投資に回すことができます。レバレッジを効かせることで、何倍もの収益を得ることができるのです。

しかし、この「1億円」という目標は、一般人にとっては夢のまた夢。先にご紹介したように、年収が増えてもライフイベントに伴い支出も増えていくのが普通だからです。

私も会社員になり収入は安定したものの、結婚や子供の誕生などを経て、年々生活費や教育費などの支出が増加して、貯蓄はほとんどできない状況でした。

なお、現在日本の全世帯の約3割、独身世帯にかぎっていえば**約4割が「無貯金世帯」**だと言われています。多くの人が、一生懸命働いているにもかかわらず、貯蓄をするだけの余裕がないのです。

仮に年収500万円の平均的サラリーマンが、超節約生活をして毎年200万円貯金できたとしても、1億円貯まるまでには単純計算で50年もかかります。

つまり平均的なサラリーマンは、一生かかっても1億円を貯めるのは難しいということです。

従って、まえがきでも触れましたが、日本ではお金持ちと呼ばれる1億円以上の資産を持つ人は、

①成功した芸能人、専門家のプロフェショナル
②成功した自営業者、中小企業の経営者
③成功した不動産オーナー

がほとんどである、という結論になってくるわけです。

"金持ち父さん貧乏父さん"著者ロバート・キヨサキが絶賛したという話題書。
著者の末岡氏は本書著者のメンターの一人で、古今東西の「成功者のマインド」ガイダンス本。

●種銭がない人間が投資をするには、不動産投資しかない！

一億円の貯金は無理でも、投資で増やしながら資産形成をしていけばいいじゃないかと思われる方もいるでしょう。

一般人でも手掛けやすい投資としては、

・株、債券、ＦＸ、仮想通貨などの金融商品
・不動産投資

この二種類がまず考えられます。

前者のような金融商品への投資の場合、そもそも種銭がないと始めることができません。種銭を元にレバレッジを効かせることはできますが、資産を何倍にもできる可能性もある一方で、相

場の急変で一瞬にして資産を失ったり、場合によっては種銭以上の損失を被り借金を抱える可能性もある、ハイリスク・ハイリターンな投資です。

株やFXは、近年はパソコンやスマホからでも簡単にできるようになりました。しかしその実態は金融工学の粋を集めたシステムトレードで、プロがしのぎを削っているシビアな世界です。一時的には儲けられても、素人が生き残っていくのは容易ではありません。

一方、**不動産投資は、融資を受けてスタートできる稀有な投資先です。それは、不動産が現物資産であり、金融機関が担保をつけることができるため、安全性が高い融資先**だと判断されているからです。

もちろん、金融機関の融資姿勢は時勢によって変わりますので、いつでも誰でも好条件で不動産投資への融資が受けられるというわけではありません。しかし少なくとも、マイホームへの融資だけは、常に一番有利な条件で借りやすい状態が今後も続くでしょう。

先に紹介した賃貸併用住宅でもいいですし、純粋な自宅であっても、将来的に貸しやすい・売りやすい物件、価値が下がりにくい物件という視点で選択することで、将来の資産には大きく差がついてきます。

また、多くの投資がキャピタルゲイン（転売差益）を目的としているのに対し、不動産の場合はインカムゲイン（家賃収入）が得られるという強みがあります。

たとえ不動産の相場が下がったとしても、家賃収入は比較的安定しているため、入居者がいる限り家賃から返済は進んでいきます。残債が相場を下回ればいつ手放しても損はしない状態になりますので、無理をしなければ、大儲けはできなくても負けにくい投資であると言えます。（そのため、不動産投資はミドルリスク・ミドルリターンの投資であるとも言われます。）


つまり、**元々の手元資金が少なく、今後も収入や貯金が増える見込みのない人間がお金持ちになるには、融資を活用して不動産投資を行い、毎月の家賃収入を得ながら資金を増やし、適度なタイミングで売却していく。これを繰り返していくのがベスト、**というより唯一の方法なのではないかと考えています。

●「借金」は「お金持ち列車」に乗るためのファストパス

成功哲学のナポレオン・ヒルは、こんなことを言っています。

「この世の中に代償を伴わない成果などない」

不動産投資における代償とは、オーナー自身が「**失敗するかもしれないリスク**」を負う事でしょう。また**「借金の精神的なプレッシャー」**も代償かもしれません。

なお、私の現在の融資残高は6億円超です。

「そんなに借金があって怖くないですか？」と、セミナーの参加者からもよく聞かれます。しかし不動産投資においては、数億円程度の借金は普通です。**むしろ「与信力がある人」と評価されているからこそ、借金ができる**のです。

借金が怖いからという理由で、現金で物件を購入して不動産投資をする人もいますが、私の感覚では手持ちの現金がなくなる方がよほどリスキーですし、融資を受けて投資をできるという不動産投資の一番のメリットを手放す意味が分かりません。いくら高利回りの物件でも、いちいち現金で購入していたのでは規模の拡大スピードが遅すぎます。

私なら、手持ちの現金があったとしても、できる限り融資を活用します。

不動産投資においては、急な修繕や入退去に伴う現状回復、不動産屋への仲介手数料や広告費、税金の支払いなど、現金が必要になるタイミングが多々あります。なるべく手持ちの現金を減らさずキープすることが、投資の安全性を高めるのです。

また、融資情勢の変化によって、金融機関から求められる自己資金も変わってきます。融資が緩い時期にはフルローン、オーバーローンをひけたものが、融資が厳しい時期になると、3割、ひどい時には5割もの自己資金を求められることもあります。手元に現金を残しておくことで、融資が厳しい時期に良い物件を狙うこともできるのです。

話を戻しますが、では**「与信」とは何でしょう**か?

与信とは、ざっくり言うと**「この人にはどのくらいお金を貸すことができるか」と金融機関が査定する、その人の信用力のこと**です。

この与信評価は、給与の安定した会社員が意外な程高いのです。

特に一部上場の大きな会社に勤めている人は、毎月のサラリーという安定収入があるので、万一不動産投資が上手くいかなくても給与からの補填が期待できると与信されています。

例えば年収800万円の会社員と1500万円のベンチャー企業のオーナー社長を比べたら、意外なことに、ほとんどの場合年収800万円の会社員の方が与信評価が高く、多くの融資を受けられる結果となります。

自社の資金繰りが悪化したら即自分の収入に影響する**オーナー社長よりも、毎月安定した給与所得のある会社員や、終身雇用の公務員のほうが、金融機関の与信評価は高い**のです。

会社員時代には、あまりピンとこなかったこの「与信」という言葉。本書の執筆中に長年勤めた会社を退社したので、今はその言葉の重みが身に沁みます。つまり会社員時代には、**勤務して**

いた**「会社の看板」**が、自分の社会的経済的評価として、一定の役割を果たしてくれていたということです。

●ＡＩによる「フィンテック」査定革命

与信査定には、いろいろな方法があるようですが、一般的には「年齢」「年収」「勤続年数」「勤務先の規模」「雇用形態」「家族構成」「居住形態」「居住年数」等が、**ＡＩで、総合的に分析検討**されて決まるようです。

ところが、ここにきて、最近クローズアップされた「＊＊ペイ」にみられる、今までと違う対応の個人貸付サービスが、世界の金融機関の査定評価方法を劇的に変えている新しい動きがあります。

あのブームを巻き起こした中国最大手のネットコマース、問屋・小売り企業のアリババでは、アリペイという個人与信プログラムを普及させて、今や数億人が利用して「与信評価」がスマホなどで個人への点数評価として告知されています。

アリペイが世界の金融界に衝撃を与えたＡＩによる「フィンテック」査定システムに、「３１０」革命というものがあります。３は、申請時の記入時間で、３分間かかります。次の１は、与信審査時間で、なんとアリペイでは、わずか1分間で査定をだすのです。そして、最後の０は、担当者が０人、つまり、すべてマシーンがＡＩによって、自動的におこなっているのです。驚異的なスピードです。

これは、不動産貸付査定においても、従来以上にビックデータなどの要素が重視されることを予想させます。

さらにアリペイがすごかったのは、与信判断の質問の中に、「朝散歩をするか？」「道路のゴミを進んで拾うか？」というような、過去の中国人には弱いとされた「健康管理」「公共性」の民度を問う質問が多かったという点です。

つまり、世界最大手のアリババは、「お金持ち、投資家の資質、信用」に、公共性や善意という「社会貢献性」の査定をいれて重視をしたのです。

そのせいで、中国では、自転車放置が激減し、ビジネスマンの早

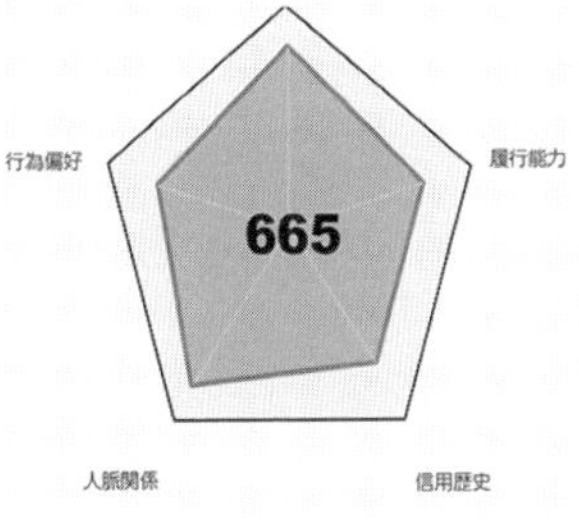

芝麻信用スコア区分	評価
350～550	信用較差
550～600	信用中等
600～650	信用良好
650～700	信用優秀
700～950	信用極好

総務省（平成30年中商情報ネット）より

朝散歩が増えるという「意識革命」がおこり、ビジネスマンや事業者が不動産を賃貸契約するときにも、アリペイの数値が「500点以下だと貸さない」とか「700点もあるのなら、保証金は必要ないよ」という風に活用されているそうです。

つまり**与信とは「自分自身の価値が金融機関に偏差値のように点数化される」という「信用の客観性評価」**のことなのです。

このことは、後の章で紹介しますが、私がこだわる**「しらす」の精神**にも当てはまることなので、あの中国がそこに注目して、世界に先んじて膨大な国民人口を背景に「ビックデータ」を構築していることに注目せざるをえません。

●借金は年収の何倍まで可能？

不動産購入にあたって具体的に年収の何倍くらいまでの借り入れが可能なのでしょうか？

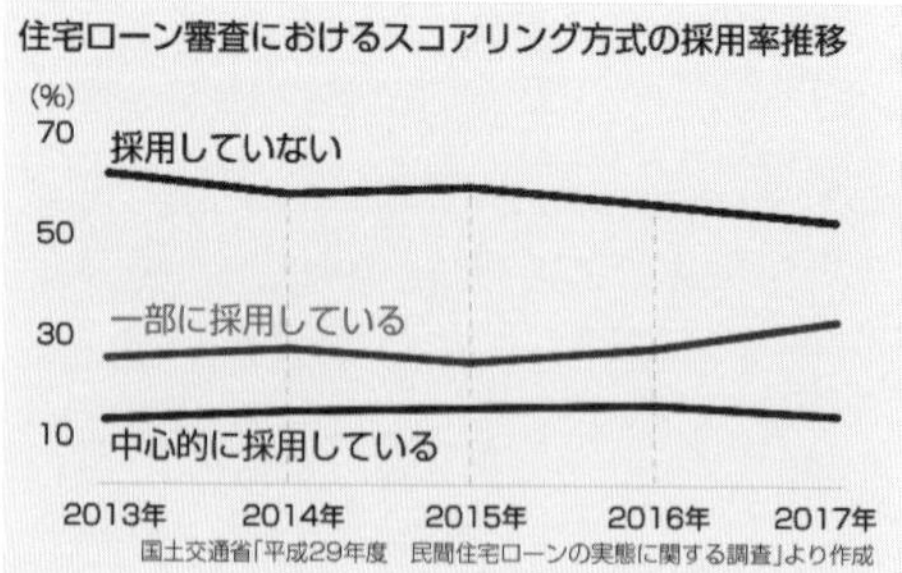

アコム（アトムくんサイト）、国土交通省（平成29年度統計）より

少し前までは、上場企業で10年以上の勤務経験のある30代会社員ならば、金融機関から借りられる上限金額は年収の15～20倍といわれていました。

もちろん金融機関によって評価は違いますが、住宅ローンの借入がない年収５００万の人であれば、１億円程度の１棟物件が購入できるという、普通の感覚では驚くような融資状況だったのです。

現在は融資情勢が厳しくなっているのでそこまでの借り入れは難しいでしょうが、それでも自営業や中小企業の高所得経営者より、普通の会社員のほうが評価は高いのです。

なお、金融機関の融資姿勢は、国の経済政策や金融庁の方針によって常に変化します。担保設定のできる不動産への融資は金融機関にとっても魅力的なので、近い将来また融資を受けやすい時期が来るでしょう。その時に備えて自分の与信を意識し、借りやすい状態にしておくことです。

●借金は怖いという、メンタルブロックの破壊

投資やビジネスにおいては、**「借金は自分に利益をもたらすもの」**という理屈を理解しておく

金融機関の目線①　購入後の資産と負債のバランス

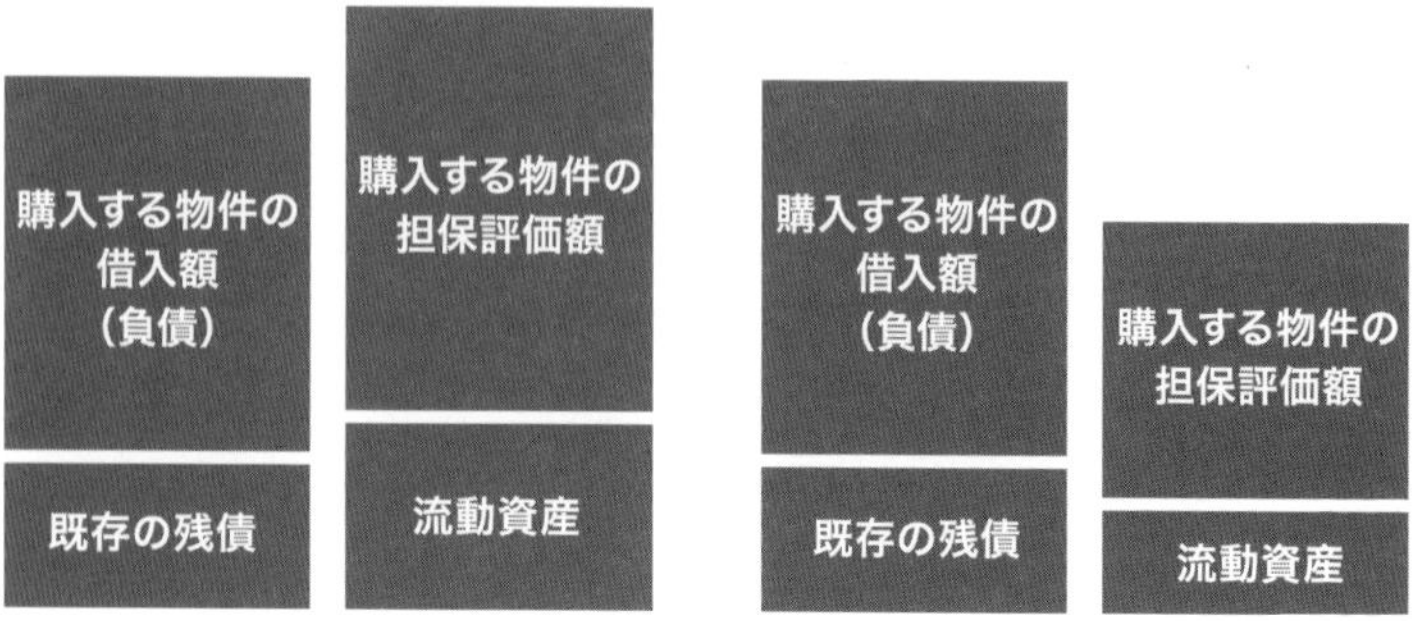

借入<資産（評価＝プラス）
物件購入後も資産が
負債を上回っている
融資実行可能

借入>資産（評価＝マイナス）
物件の評価もしくは
資産が不足している
融資実行不可能

金融機関の目線②　購入後の資産と負債のバランス

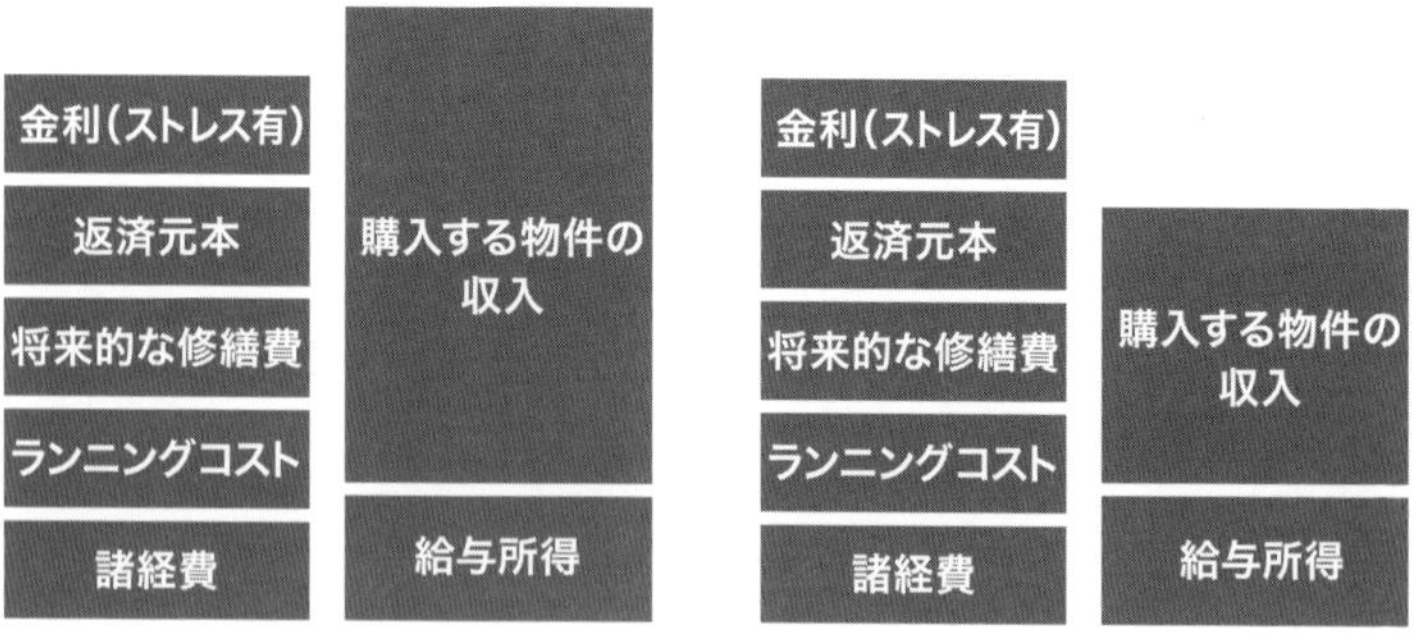

支出<収入（評価＝プラス）
融資期間中の支出と返済を
収入が上回っている
融資実行可能

支出>収入（評価＝マイナス）
融資期間中の支出と返済を
収入が下回っている
融資実行不可能

ことが重要です。

億単位の借金ときくと不安になるのは、自然な反応だと思います。

しかし、先入観や投資を失敗した人の話を聞いたりして、「借金は怖い」と必要以上に怯えて躊躇するのは、投資家にとってマイナスでしかありません。

私も不動産投資を始める前に友人に相談をしたところ「お前が出来るなら、みんなもやってるよ」と言われたことがあります。ここで納得して投資を諦めていたら、今の私はなかったと思います。

最初からネガティブな答えしか戻ってきそうにない人、そもそもお金持ちでも成功者でもない人に相談をしても意味がありません。相談はしかるべき人にして、メンターや専門家の情報や意見を聞くべきなのです。

そしてこれはと思う物件があったら、地の利、客付けや金利、景気の動向、賃貸需要の先行きがどうなるか、自分なりに研究して納得をして、これは大丈夫だと思えれば、まず飛び込んでみなければ始まりません。

「良い条件の投資案件」は、競争が激しいですから、**不動産の場合は、先に手を挙げた者がまず交渉権を得ます。**

極論を言えば調査や裏どりは後からでもいいので、**信頼できる筋からの情報、案件であれば、まず「イエス」と言ってみる。**

良い物件は競争が激しい。今それをつかもう！

私はそれをマイルールにしました。

不動産投資を始めたいけれど、なかなか良い案件に出会えない。

買い付けを入れても二番手、三番手で結局買えない。

こういう人は、まず情報入手のポイントで負けているケースが多いのです。

投資家によっては、毎日時間さえあれば、ネットの不動産情報をチェックしていますから、**何もしないで自分のところにだけ、条件の良い儲かりそうな案件が転がり込んでくるということは、まずない**と思ったほうがいいでしょう。

ですから、まず飛び出してみるというやり方、与信力の中でゴーが出るなら、やってみようというのが私のスタイルです。

また、私の融資に対する考え方としては、**都銀や信金でなくても、条件が合うならノンバンクから高金利で借りてもいいと思っています。**

高い金利であってもそれを相殺できるだけの高利回りならば問題ありません。築古物件に20年、

30年という長期間の融資をひければキャッシュフローが厚くなりますので、投資全体で見た場合にはリスクが下がります。

合理性に考えて数字で納得できれば必要以上に怯える必要はない、というのが私の「借金」とのつきあい方です。

●メンタルブロックとは？

メンタルブロックとは、自分の意識では「やりたい！」と思っているけれど、**無意識下では心にブレーキをかけてしまい、これは無理！　自分には出来ない！　上手く行かないだろう…**と自分で勝手に決めつけて行動できない状態です。

私は大自然の中でのびのび育ったせいか、元来「なるようになる！」と楽観的に考える性格で、メンタルブロックが弱いのかもしれません。

例えとして良く使われる、「象と調教師の話」があります。

象の調教師は、象が小さいころに足へロープを付け、杭でロープを止めて子象が逃げられないようにします。これは将来の象をコントロールするための洗脳です。やがて子象は成長して、力の強い大人の象に育ちます。足を動かせば杭を抜くだけの力があるにも関わらず「逃げられない」と思い込んでいるため、足にロープが付いているだけで逃げようとはしません。

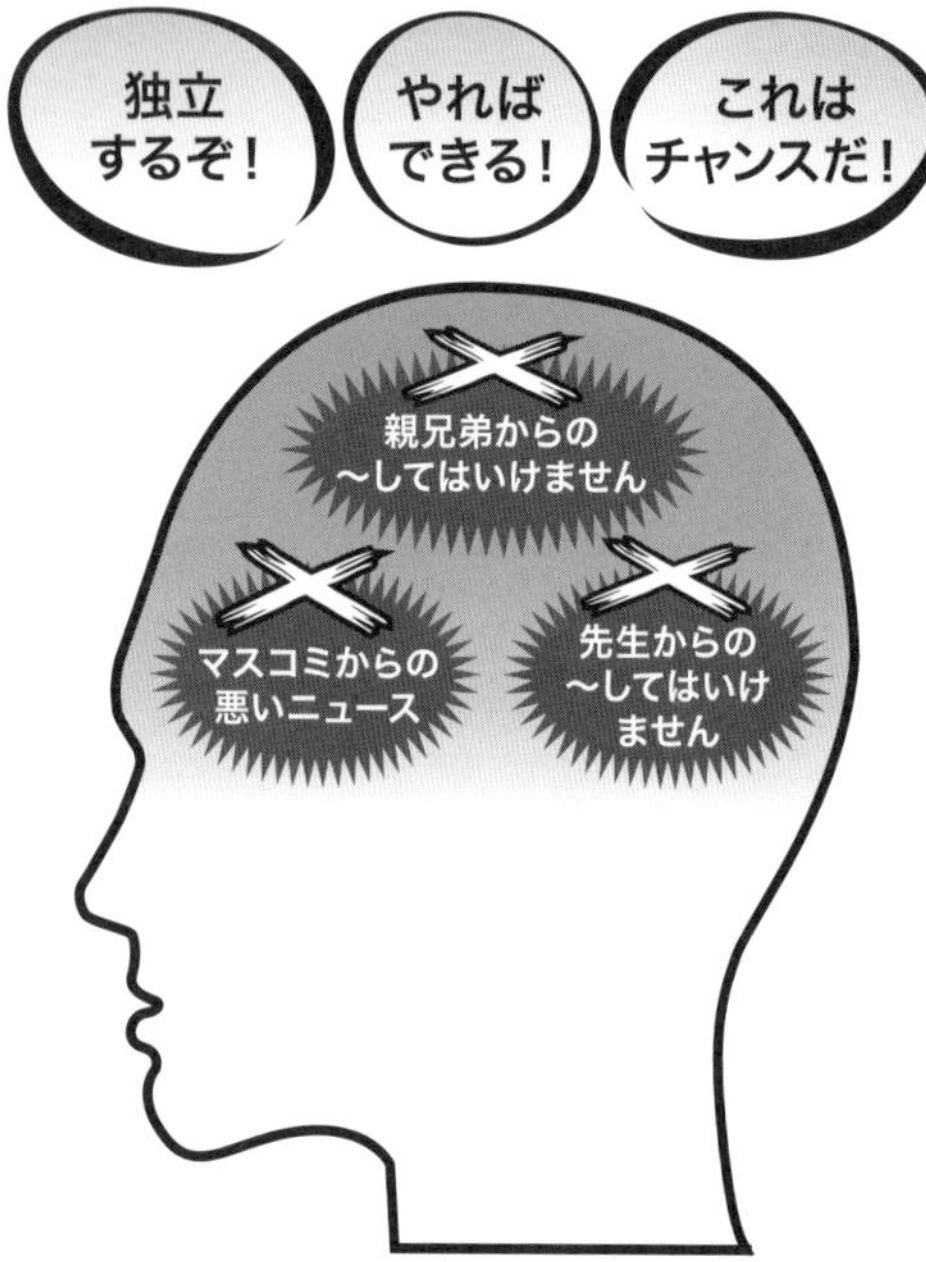

メンタルブロックの形成は、諸説ありますが、乳幼児期（0～3歳）に作られる「自己肯定感」

の後、「しつけ」を経て、15歳～20歳くらいまでに、毎日の生活の中で、家族や周りの人からの言動で、無意識に形成されることが多いようです。幼い頃からの生活習慣、親の口癖、家族の価値観が影響しています。

同じような絵を描いても、「下手だなぁ」と笑われた子供と「個性的でいいね！」とほめられた子供では、その後、自分の絵に対する自己評価は大きく変わります。否定的に言われた子供は、絵を描くこと自体が嫌いになったり、苦手意識を持ったりします。

メンタルブロックとは「自分で自分につけた足枷《あしかせ》」だと言い換えることができます。借金が怖い、空室が怖い、地震や天災が…とやらない理由を数え上げては、何年たっても同じ場所にとどまっている人がいますが、これも、足にロープをつけた象と同じ「メンタルブロック」に囚われているのでしょう。

しかし、たった一度の肯定的体験で、それまでブロックしていたことが、スッと外れることもあるそうです。

占いや自己啓発セミナーが人気なのも「自分では気づかない性格や運気を見つけてもらい、自分を変革していくきっかけにしたい」という心理的な渇望だという見方があります。

●お金持ち列車に乗り換えるタイミング

もし読者の皆さんに「お金」に関するメンタルブロックがあったとすると、それは同時に「**稼げない**」「**儲けられない**」「**豊かになれない**」**という貧乏を自ら招く**ことになります。

日本人には「お金儲けは悪いことだ」という、清貧幻想があるといわれます。**お金を稼いでお金持ちになるということに、卑しい、がめつい、あくどい、**などネ**ガティブなイメージがあるという説**です。

しかし、お金持ちの子供は、お金がある生活が自然なのでお金に対してポジティブなイメージしか持っていません。お金があるところにはお金持ちのコミュニティがあり、様々な情報も集まってきます。株や投資に手を出したり若くして起業したりして、子供もお金持ちになりやすいのです。

では、普通の庶民が、「お金持ち列車」に乗るタイミングはいつやってくるのでしょうか？

メンターの末岡さんは、**自分が「お金持ち列車」ではなく「小金持ち列車」、「貧乏列車」の乗客だと気づいた時だ**といっています。

サラリーマンなら、職場の上司や先輩の生活の様子をみれば、自分の未来の姿は想像できます。このままでは、自分はお金持ちにはなれないと自覚して、その運命を変えようと決めたときに、**乗り換え用のプラットフォーム**が登場するのだというわけです。

人生を変えるためには、新しい目標と計画表が必要なのです。

①自分が欲しいお金の「金額」と「時期」を決める。
②お金を手に入れる「方法」を決める。
③具体的な「行動」を書き出し「実行」する。

この成功のための法則は、多くの成功者が伝えていますが、古今東西、古から変わらないものだと思います。

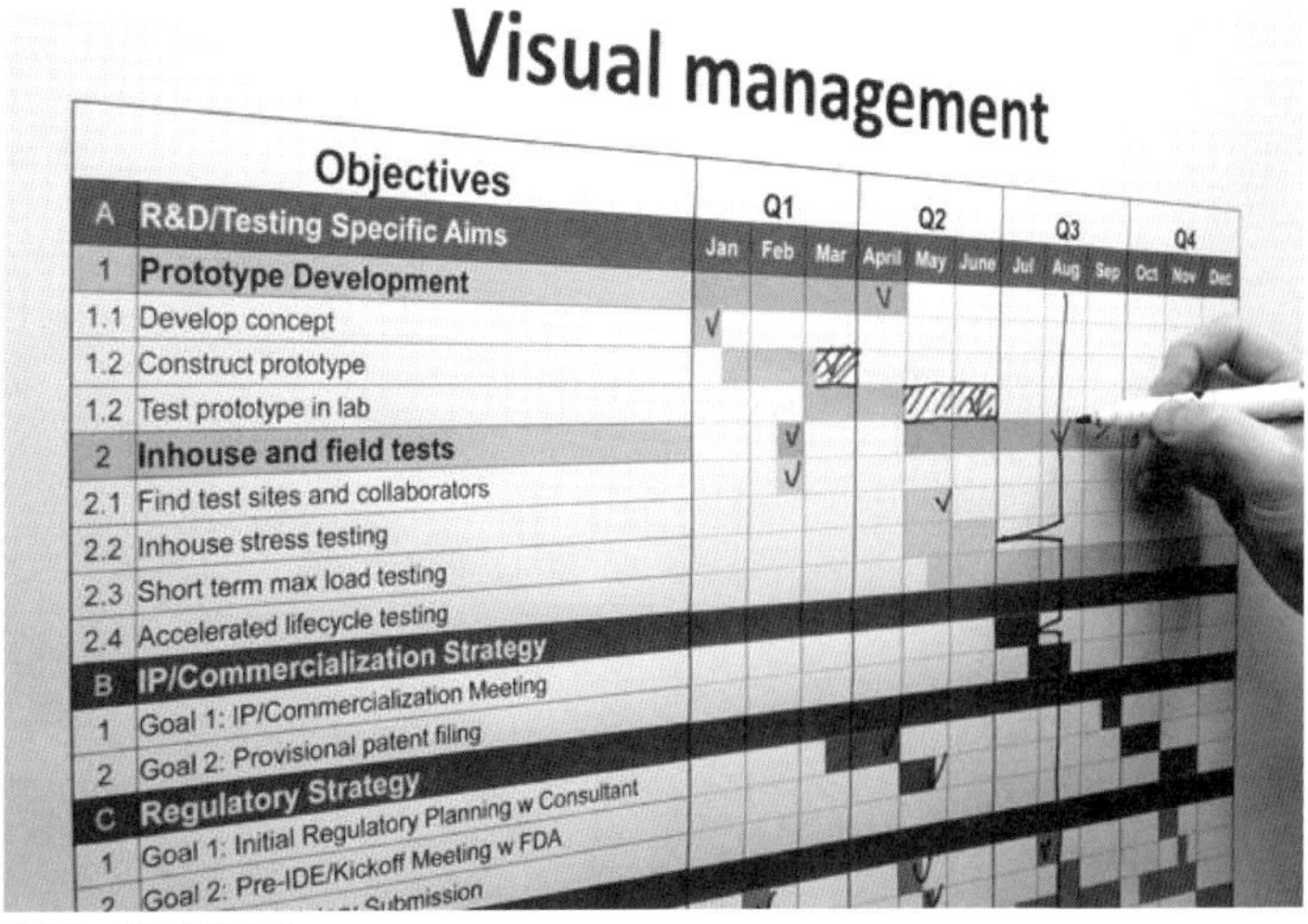

視覚化、計画表が大事

●リスクなのか、チャンスなのか。それを決めるのは自分の心

多くの方が、不動産投資は危険だと頭から考えているようです。

地価が暴落したらどうする？　空室が増えたらどうする？

家賃が下がったらどうする？　地震が起きたらどうする？

将来老朽化したらどうする？　入居者がトラブルがあったらどうする？

不安要素を数え上げたらきりがありません。しかしそこを乗り越えてどう行動するかが、実は**「お金持ち列車」に乗れるかどうかの分かれ道**ではないかと、私は考えます。


つまり、投資の不安定なリスク要因を整理してみて、やはりだめだと感じる人と、**なんだ、その程度のリスクで金持ち列車に乗れるのか！とワクワクする人**との違いです。

物事の現象には二面性があります。私も、当初アパートローンの審査に落ちたときには、
コップ半分の水を、多いとみるか、少ないとみるかは、その人の心持ち次第です。

「やはりそんなに甘いものでは無かった」

「自分は属性が弱くて、投資ができる立場ではないんだ」

このように考えて、へこんだものです。

でも、落ち込んでいても仕方ありません。気を取り直して落ちた理由としてあげられた購入金

額条件を検討して、再提出してみたら意外にもすんなり融資が通り、その物件を入手することができました。

なんでも諦めたら、そこで終了です。慣れないうちは融資審査に落ちると自分の人間性まで否定されたように感じて落ち込みがちですが、金融機関ごとに独自の基準を持っています。ただその基準に合わなかっただけ、その基準に合わせるか、他の金融機関に行くか、他の物件にするか、冷静に次の選択をすればいいだけのことです。

「お金持ち列車」に乗れる人は、自己肯定感の強い人が多いと思います。

そういう前向きな人たちが集まってくるのが、「お金持ち列車」なので、必然的に、あまりもめ事はおこりません。みんなニコニコして、とりとめもない話をしています。

これは経済的に余裕があるからだと考えがちですが、実はそういう人は、お金があろうがなかろうが、自己肯定感が常に高く、気分もハッピーな状態なのです。

生まれつきそういう性格の人もいますが、**お金持ちになる過程で自分で訓練して、後天的に良いメンタルの状態を保てるようになった人も多くいます。**どう生きるかは、結局自分の心次第なのです。

●私を変えた4人のメンターS氏との出会い

少々上から目線から語ってしまったかもしれません。しかし不動産に関してはズブの素人だった私がここまで進んでこれたのは、メンターの方々との出会いと、ご指導があったおかげです。

メンターとは、私が心の支えにしている師匠のような存在です。

ここでは、私を変えた4人のメンターの方々をご紹介します。偶然か運命か、全員が「Sさん」といいます。

①S1　末岡氏（2015年4月）

最初の1人が、「お金持ち列車の乗り方」の著者である末岡社長です。

ちょうど2棟目、初めてのアパートを買った時のことです。契約のために社長のところに行くと、いきなり「3棟目はどうですか？　今ならフルローンが通るよ」と言われました。

そこで私は思わず「じゃあ買います」と、答えていました。

自分でも驚いたほど自然に、買いますという答えがいきなり口をついてでたのです。これは、投資家の道を歩み始める自分にとっては、とても重要な出来事だったと思っています。

結果として、本当に三棟目が購入できてしまいました。とっさに「買います」といえたことで流れに乗れたのです。

②S2氏（2014年5月）

2人目は、大手不動産仲介業の方です。

時間軸がずれますが、1棟目で2世帯住宅を買った時に、私はすでに住宅ローンを組んでいました。しかし**S2氏**とある家を見に行ったときに、嫁が「ここなら… 住んでもいいかな」となぜか急に言い出したので、私も「買えるなら買います！」と、つい言ってしまったのです。

その時は、まさに**「メンタルブロックの破壊」**が起こった瞬間だと思うのですが、初めての不動産投資をしたばかりの自分に、続けて不動産を入手ができるとは思いもよらないことだったのです。

結果として**S2氏**の計らいで、2件目の住宅ローンは、意外なほどスムーズに組めました。

後から聞いてみると、住宅ローンを何件も組んでいる人は多いそうです。

何事も先入観で捉えてはいけないなと、自分の無知と経験不足を痛感しました。やはり初めから無理と思ったらダメ、やってみなきゃ分からないということです。

なお、実は**S2氏**は、私が介護士時代の担当だった方の息子さんでした。最初はわからなかったのですが、顔がよく似ているので、もしやと思って聞いたらそうだったという奇妙な縁です。狭い地方のあるあるですね。

③S3氏（2015年7月）

3人目の方は、そのS2氏にゴルフ場で紹介されたやり手の営業マンの方でした。私が三棟目の新築を買ったばかりのタイミングで、物件を紹介されました。

「新築アパートがまだ買えますよ」

「本当ですか！　でも色々買ったばかりなので…」

「ダイジョブですよ。買えますよ」

「では、買います！　お願いします！」

ここでも私は、素直に「買います」と即答。すると本当に買えてしまいました。ほぼS3氏に、身を委ねたといってもよい買い方でした。

④S4氏（2016年7月）

4人目のS氏は、私の地元の先輩にあたる方で、金融機関の支店長をされています。私が入院した時に病院で出会った方がS4支店長の同僚で、そのご縁で久しぶりに運命的な再会を果たしたのです。

そしてS4氏からご紹介いただいた物件（6部屋のアパート）を検討していたところ、現金客にその物件はさらわれてしまいました。話が流れたので、ちょっとがっかりしましたが、すぐに「今の自分には小さすぎた物件だった」と都合の良い解釈をしました。するとその直後に、自分の理想により近い、大きな物件が登場したのです。

その時はまだ紹介だけで売ると決まったわけでも、私の資金繰りも決まっていなかったのですが、いつものように、私はすぐに「買います」と言ってしまいました。そして実際に購入することができたのです。

●信頼して「買います！」といえる人脈づくり

収益不動産を購入する場合、まず自分でインターネットなどで物件を探して、問い合わせをして、営業マンに会って、現地を見て、気に入ったら融資を受けて購入…という流れが一般的でしょう。しかし、これは何もわからない最初のうちは危険なのではないかと言う気がします。

その営業マンにとっては、あなたは初見のお客さんで、その物件が売れさえすれば、あなたが成功しようが失敗しようが関係ないからです。

いいかえれば、あなたが間違った物件を選んでもけして止めてはくれないということです。不動産は額が大きいため、初期に失敗してしまうとリカバリーに時間がかかります。

まずは物件ではなく信頼できる人探しの方が重要なのです。信頼できるパートナーを見つけ、その人のフィルターを通していいと判断された物件を紹介してもらい、購入するという方が、最初の流れとしては良いと思います。

信頼できるメンターに出会えたら、その人の勧める物件にまずは「買います！」と言ってみましょう。自己判断で迷いが生じる前に、まず「買います」。そこには、不動産投資を阻むネガティブなメンタルブロックを外す、言葉の力があるように思えます。

そもそも、同じような条件の競争相手はたくさんいます。**いい物件があなたの前を通り過ぎるのは一瞬です。まず手をあげないと、その物件を検討する権利すら得られないのです。**

ここで重要なのは、ビジネス仲間はお互いが得をする「win win の関係」ができないとうまくいかないということです。**自分だけが得しようとすると、さらに自分より上の、そういう「欲張り」な人ばかり集まってきて、利用されたり搾取される殺伐とした関係に陥ってしまいます。**

いろんな人の人脈の絡み方をみていると、そういう法則があるように思えるのです。これについては後の「しらす」の章でお話しします。

コラム❶　夢ノートを付けて願望実現

本田圭佑やイチローも実践しているという「夢実現ノート」をご存知でしょうか。目標達成に向け「書いたことは絶対に実現する」と潜在意識に刷り込み、セルフイメージを高めるものです。先日3年前の手帳を見返してみて、実現率の高さに自分でも驚きました。

【3年前に手帳に書いたこと】

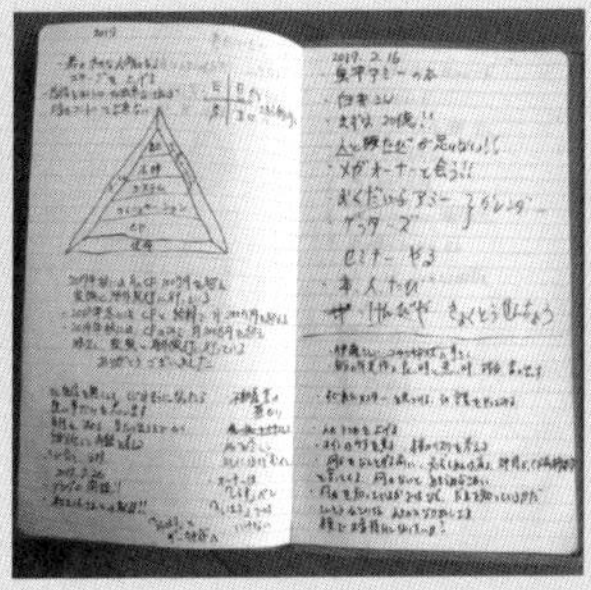

- **私は複数の収入源を持つ。**
- **家族、親族を豊かに幸せにする。**
- **無から有を生む。**
- **人のネットワークを広げる。**
- **喜びを他人に与える。**
- **去年の自分を超える。昨日の自分を超える。**
- **宇宙預金を増やす**（宇宙預金とは、分かりやすく言うと、日々の善行の積み重ねの事です。これを積み重ねるとその行為が巡り巡って、無限大の利息がついて返却されると、私の敬愛するトニー野中氏の言葉にあります）。

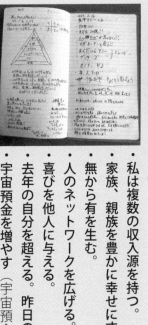

もっと具体的な目標も書いています。

- **年内に月収100万円を超える。**
- **来年秋には、家族とオーストラリアに行く。**
- **2年後の冬には、月収200万円を超える。**

ありがとうございました。

実際には目標だけでなく、消費税の還付を受けるとか、信金にあいさつ回りに行くとか、日常的なやるべき業務も書いています。

私が「お金持ち列車」に乗れた理由には、この「夢実現ノート」を実践した効果もとても大きかったと思います。

ポジティブシンキングを実践する人や経営者の多くも、目標を細かく書き込み、自分の手にするべき未来を引き寄せるためにやっています。読者の皆さまにも、ぜひお勧めします。

3章

特別対談　Vシネ大家×末岡由紀（前半）

（「お金持ち列車の乗り方」著者）

●特別対談　末岡由紀氏：Ｖシネ大家（前半）

ごく普通のサラリーマンから不動産投資を始め、６年間で12棟、１０１室、３テナント、月額のキャッシュフローが１８０万円まで達し、昨年サラリーマンをセミリタイアした本書著者であるＶシネ大家氏。

最初のメンターである、末岡由紀氏に「お金持ち列車の乗り方」を教わり、実践してきたという。二人の対談からその成功の秘訣を探ってみたい。（編集部）

＊＊＊＊＊＊＊＊＊＊＊＊＊＊＊＊＊＊＊＊＊＊＊＊＊＊＊

末岡：著書の出版、おめでとうございます。

Ｖシネ大家：ありがとうございます。

僕もまだまだ道半ばですけれども、末岡社長が出された話題の書籍「お金持ち列車の乗り方」にあやかっていえば、「お金持ち列車」にぎりぎり駆け込み乗車できたのかな、と感じています。

不動産投資をやっていくうちに、自分の思いや、伝えたいことが少しずつ出てきて、多くの人に「お金持ち列車」からの景色を見てもらいたいなという思いで、本書を刊行させてもらいました。

末岡：今聞いたら、月のキャッシュフローが180万円ということは、年間で約2000万円のお金が残る。これってすごいことです。税金などを考慮すると、実際の収入でいえば約4000万円にあたります。4000万円といったら、丸岡さんと出会った頃の、当時のサラリーマン収入の何倍ぐらいになりますか。

Vシネ大家：8倍です。

末岡：6年で8倍ぐらい？　それはすごいインパクトですね。

Vシネ大家：そうですね。僕のセミナーでも良くお話しするテーマですが、ここまで来る中で、どうしてもお金の誘惑に負けそうな時もありました。

末岡社長に感謝したいのは、お金のリテラシーとして、稼ぎ方だけではなく、守り方も同時に学べたことです。本書のコラムでも紹介している社長推薦のメンター本を読むことで、無駄遣いしない、調子に乗らないなど、いろいろ勉強して節制できたことが本当に良かったと感じています。ただ稼ぐだけだと、結局、いつかお金を失って終わりですから。

末岡：僕は誘惑に負けて大体やられていますけれども。（笑）

Vシネ大家さんはその誘惑に勝っている。自分に影響を与えた本を3つ挙げるとすれば、どんな本がありますか。

Vシネ大家：まずロバート・キヨサキさんのシリーズ。そして社長もメンターと慕っておられるトニー野中さんの本。もう一つ挙げるとすれば、やはり日本の皇室の理念や古代からの日本の伝統や教育精神を伝える本でしょうか。

　ちょっと投資とは外れる分野ですが、社長も愛読されている致知出版の本とか、そういう本から得た知識が、私の場合は、経営やお金を守るというところにつながっています。

◆二人の出会い

司会：お二人の最初の出会い、お互いの最初の印象はどうでしたか？

末岡：僕とVシネ大家さんの出会いはゴルフ場です。けっこう近いスコアまではいったのですが、負けてしまいまして、そのときに初めて出会って、なんて負けん気が強そうな人だろうと思っていました。（笑）

パーやバーディーをとれなかったら、ちくしょうって言っていたり。（笑）

Vシネ大家：僕、そんなキャラじゃないです。それ、別人ですよ。（笑）

末岡：でも、終わってみると爽やかなんです。プライドも高い反面、爽やかさもあって、人に気遣いもすごくできる人だなという印象です。

司会：そのときに末岡社長は、Vシネ大家さんが7年後にこのような領域まで達するとは思われていましたか。

末岡：いや、正直思っていなかったですよ。（笑）

当時はサラリーマンで、奥さんと子どもがいて、割と普通の家庭だなと。それがこんなに不動産を増やすなんて、思ってもみなかったです。

Vシネ大家：社長とは、不動産の話をさせていただいたのですが、発想がやっぱりすごいなっていうのが最初の印象ですね。普通は、不動産って自宅を買って自分が住んで終わりですよね。「そうじゃないんだよ」っていうことを、初めて教えてくれた方です。そこが僕の全てのスタートになっています。

司会：当時、Vシネ大家さん自体は、7年後に自分がセミリタイアされるということは想像されていましたか。

Vシネ大家：全くしていないです。

司会：短期間でここまで拡大できた要因は何でしょう？これから不動産投資をやる方へのアドバイスがあれば。

Vシネ大家：やっぱり人ですね。人の出会いを大事にすることと、この人はって思えるメンターに出会ったら、「はい」と喜んで話に乗ることですね。

それぐらいのノリで、信用できる情報なら進んでいく。よく「短期間で拡大した」と言われますが、自分ではそんなに早く駆け上がった印象はないです。こつこつ地道にという印象なんです。

末岡：いや、すごく早い。（笑）

何が早いって、僕が一番思うのは、貯金が少ないのに早い。ないないなりに一生懸命やるその心持ちや行動、そして人に対する姿勢が、やはりすごい。大家さんは見習うべきです。預金、最初はいくらでしたっけ。

Vシネ大家：最初30万円です。

末岡：30万円からスタートして今、年収4000万円ぐらいになっていますので、普通じゃあり得ない。そのときの年収も聞いていいですか？

Vシネ大家：500万円弱です。

末岡：500万円弱だとしたら、日本人の平均の所得の真ん中ぐらい。その中で奥さんも子どももいて、いわゆる一般的な普通の家庭。僕が最初聞いたのは、奥さんがすごく不動産には反対していて、貯金も多いわけではない。

収入も歩合給もほとんどないので上がるわけでもない。でもこの中から何かを見出して、行動や言動とかで増やしてきたっていうのは、恐らく北海道では一番じゃないかな、間違いなく。全国区で見てもなかなかいないと思うよ。

スルガ銀行も利用していない。変な契約の仕方もしていない。さすがVシネっていう。（笑）

ちなみに、やっぱりここぞというときは脅すんですか。（笑）

Vシネ大家：そうですね。ここぞっていうときは黙って。（笑）

家賃を払ってくれない人にあいさつしに行ったら、すぐ払ってくれたっていうことは一度ありましたけど。僕、しゃべればばれちゃうので。

黙っていれば威圧するのか、勝手に交渉が進む場合もあります。（笑）

司会：当時、末岡社長はどういったアドバイスをされたのでしょうか。

末岡：最初の関門は奥さんだと。奥さんに通帳を見せろと。毎月入っているのを見せる。それが一番大事だと伝えました。

Vシネ大家：最初は見たくないって言われました。でも見せる姿勢を見せることで、信用されたのかな。普通、ここまで大胆な行動は嫁、子どもがいて、多額の借金をして失敗したらどうしようと不安が出てきます。僕は当時から、やっぱり人と同じ発想をしたら駄目だなと。

「逆に、嫁、子どもがいるからやるんだ」という発想になってやりました。そう思うと、メンタルブロックが外れたのか、途中からもう面白くなって、不安は全くなくなりましたね。

末岡：2棟目か3棟目で、大体1億円ぐらいのとき、奥さんが精神的にちょっと不安定になったとか。

Vシネ大家：そうですね、当時3棟目を検討していたときに、2人目の子どもが生まれて、ちょっと産後うつみたいになったときに、もうやめた方がいいかなって思う時がありました。でも僕の悪い癖で、逆に「これは買えるサインだ、これは神からの試練だ」って思

い、本当に買ってしまったっていう。（笑）
　勝手に都合よく考える癖があるのかもしれない。

◆最大のピンチ＝メンタルブロック

司会：ピンチは他にもありましたか。

Vシネ大家：最初の1棟目から2棟目を買おうとしてうまくいかなくて、そこでもう駄目だと思い、いわゆるメンタルブロックを作ってしまったことが一番のピンチでした。もしそこであきらめていたら1棟で終わっていたでしょう。
　また、サラリーマン生活との両立でも、けっこう苦しみました。さすがに6棟、7棟になってくるとそれなりに事務仕事も増えてくるので、それをこなしながら普通にサラリーマンをやっていくっていうのは、物理的に大変でした。最後は体も少しおかしくなり、セミリタイアを決断するきっかけになりました。

末岡：1棟目、2棟目は、やるなと思ったんですけど、その後の勢いはすごいなと思いました。今なら止めていたんですけど、あの時期なら押せ押せの時代なので。そうこうしているうちに預金も多少増えてきている様子はあったので。

一番大事なのはやっぱり入居率で、しっかり空室を補てんできている。特に戸数が少ないときは空室のインパクトがすごく強いし、次の融資のときの懸念材料にもなるので。Vシネ大家さんはそこをしっかり意識していましたね。リーシングの方法も良く聞きに来ていたし、自分でも営業に回っていた。管理会社任せにしてない。まさに行動するすごい大家さんだなと思いましたね。

司会：管理会社との折衝で、何か心掛けていることはあるんですか？

Vシネ大家：あります。人のせいにしないということです。
よくある話で、管理会社さんが何かとちったりしたら、「なんだよ」って怒る人がいますが、僕は絶対そういうことはしなかった。セミナーでも言っていますが、自責の念がないとダメだと。なぜこうなったのかなって考える。最終責任は、やっぱり大家にあると思っているので。理由の分析ができれば、感情的に怒ったりしないはずです。なので、細かく指示したり、1日に2回も3回も電話して確認してしまうことにはなるのですが。

司会：物件を徐々に購入していくと、借り入れ額も大きくなって、プレッシャーになりませんか。

Vシネ大家：2棟目で初めて中古物件を買うとき、1800万円の借金のときが一番怖かったです。そのとき社長に電話して、怖いんですけどって言ったのを、覚えてますか？（笑）

社長がそのときにおっしゃったのが、「金額じゃない、どうせつぶれるなら1億でも100億でも変わらないから、でっかくやった方がいい」って言われて、僕は本当にそのとおりだと思ったんです。（笑）

冗談じゃなく「あ、そうか」と。社長、たまに神懸った一言を言うんです。それが僕の不安をすっと落とすんです。最初に物件を買ったときもそうでした。

「そうか、じゃあ俺も100億借金した方がいいんだな」って思って、そこから怖くなくなった。

その怖かった2棟目を買い、管理契約をしに会社に行ったときに、こともあろうかまた「アパートを買いませんか、新築が今なら通りますよ」と、言われたんです。(笑)

末岡：そう。すごくいいチャンスだった。

◆即答の「買います」で道が拓けた

Vシネ大家：冗談抜きで「僕、買います」って即答しました。

その選択は今でも社長に褒められる。

「あのとき買いますって言ってくれたのは、すごく良かった」って。

末岡：30分空いたら、違う人に持っていったと思う。申し訳ないけど、Vシネさんの当時の預金と年収レベルの人は、うちの顧客だったら30人以上いたので、30分空いたらそっちの30人に回っていた。この人、迷う人だ、反応が遅い人だって、会社の中でそういう評価になっちゃう。

司会：チャンスをいち早くつかむ、その辺りが大事だと。

末岡：それはタイミングもあるし、本当にいい物件だったら欲しい人も増えるので競争も出てくる。でも、紹介する人が悪かったら、悪い物件かもしれない。

Vシネ大家：やっぱり人なんですよね。末岡社長じゃなかったら、僕は3秒ではなく多分30分ぐらいかかっていたと思います。(笑)
そのときの流れといいますか、どういう流れで僕に物件が来たのかとか、データだけでは見えない部分を、けっこう僕は重視するんです。

◆良い業者さんの見分け方

末岡：僕で買ってくれたのはうれしいんですけれども、Vシネ大家さんの目線的には、いい業者さん、ダメな業者さんをどうみていますか？

Vシネ大家：難しいですけれど、人を見ていない人はダメですね。僕は「空褒め」って言うんですけど、どう考えても僕のことに興味があまりないのに、すごく褒めてくる人とかがいるんです。その時点でもう…。

末岡：お前、思ってねーだろ、口だけ達者みたいな？

Vシネ大家：そう。思ってない、営業ポーズ。

末岡：でも、業者さんはみんな、やっぱり売りたいわけで、それが仕事だし、考えていることは大体似ていると思うよ。

Vシネ大家：二つ目は、よく言われていますけど、儲かりますよ、とかはNGです。怪しいです。儲からないですから。（笑）

最初から、買っただけで儲かるわけがない。税金対策ですよとか、ワンポイントトークも危ない。

末岡：三つ目は？　風貌だっ

たり、電話の話し方とか。

Vシネ大家：これもなかなか難しいんですけど、僕がよく見るのは、その人が持っているオーラといいますか。

末岡：オーラ。分かりづらいです。（笑）雰囲気的に、こいつはなんかだましそうだなとか、こういう人はなんか良さそうだなとか、そんな感じですか。

Vシネ大家：自分のこの一生懸命な気持ちを伝えたときに、相手がどう反応するのか。自分が例えばアパート、マンションを買いたいんですって言ったときに、向こうがどう反応するか。それはいいですね、分かりましたっていう感じよりも、もう少し一歩入った、要は自分のことをちゃんと考えてくれているかとか、自分がその人のことをちゃんと信用できるのかとか。

末岡：そのオーラの違いについて、言葉にするとどんな感じ？

Vシネ大家：難しいですよね。表面的なところにだまされないようにしなきゃいけないから。トータルで見なければ。要はその人のことをよく観察しないとわからない。

◆人間観察を重ねて、ウィンウィンの関係を築く

末岡：人を観察する？

Vシネ大家：そうです。人を本当に観察するんです。

僕は接客業だったし、介護士もやっていたので、出会う全ての人に、この人はこういう人なんだ、と一面を見るだけじゃなくて、どういう仕事をしているのか？　趣味は何だろう？　家族との関係は？　親との関係は？　子どもとの関係は？　とか。人生を謳歌しているのか？　独身だったら好きな人はいるのか？　付き合っている人はいるの？　そういうところまでしっかり考えた上で接す

るようにしていました。要はそこまで深く相手のことをしっかり見るんです。

末岡：そこで目利きして誠実な人かどうかがわかるようになった？

Vシネ大家：だまそうとしているのか、いわゆるウィンウィンの関係になれる人なのか、なれない人かっていうのは、なんとなくわかります。

末岡：不動産の勉強以外に人とたくさん交流して、相手がちゃんと自分と誠実に付き合ってくれて、ウィンウィンの関係を築いてくれているかどうかを、分かることが、実は不動産投資において成功への近道だったりすると。

Vシネ大家：そうですね。結局「何が成功で、何が失敗か」っていうのを決めるのも自分なので、この人はいい人だ、悪い人だっていうのを決めるのも自分なんです。そのときは嫌だなと思ったけど、結局は良かったり、最終的にどうか分からないのが世の中。

例えば、僕にリスクのある話をもってきた業者さんも、そういうリスク話を僕に勉強させてくれた人でもありますし、考え方次第なんです。世の中は全部勉強なので、この人はいい、この人は嫌だっていう簡単な解釈じゃなくて、もう少し自分の運命や自分の目利きを信じてみたい。

社長もご存知だと思うんですけど、「自分だけ儲けたい」って僕が思っていたとしたら、多分、周囲も同じような人ばっかりになるんです。なので、そこは絶対気を付けたいと思います。

（対談：後半に続く）

■末岡由紀氏（パーフェクトパートナー株式会社　代表取締役）

1976年、北海道生まれ。札幌大学外国語学部卒業後、収益不動産業界で8年間勤務。賃貸仲介、アパート・マンションの建築営業、アセットマネジメントなどを経験を経た後に独立。2008年10月パーフェクトパートナー株式会社を設立。自ら累積1000戸以上の物件を保有してきた、いわゆる「ギガ大家」としての顔も持つ北海道不動産のスペシャリスト。

4章

不動産購入の流れ

本章では、私がどのように不動産を買い進めてきたのか、この６年間の不動産購入の流れをまとめてみました。

なお、この６年間は、ずっとサラリーマン大家さんとして二足のわらじを履いている状態でした。物件が増えるに従い、物件管理にかかわる事務的な仕事も増え両立がハードになってきましたが、本書を執筆中の２０１９年夏、勤務先を退職してセミリタイアし、投資に専念できるようになりました。

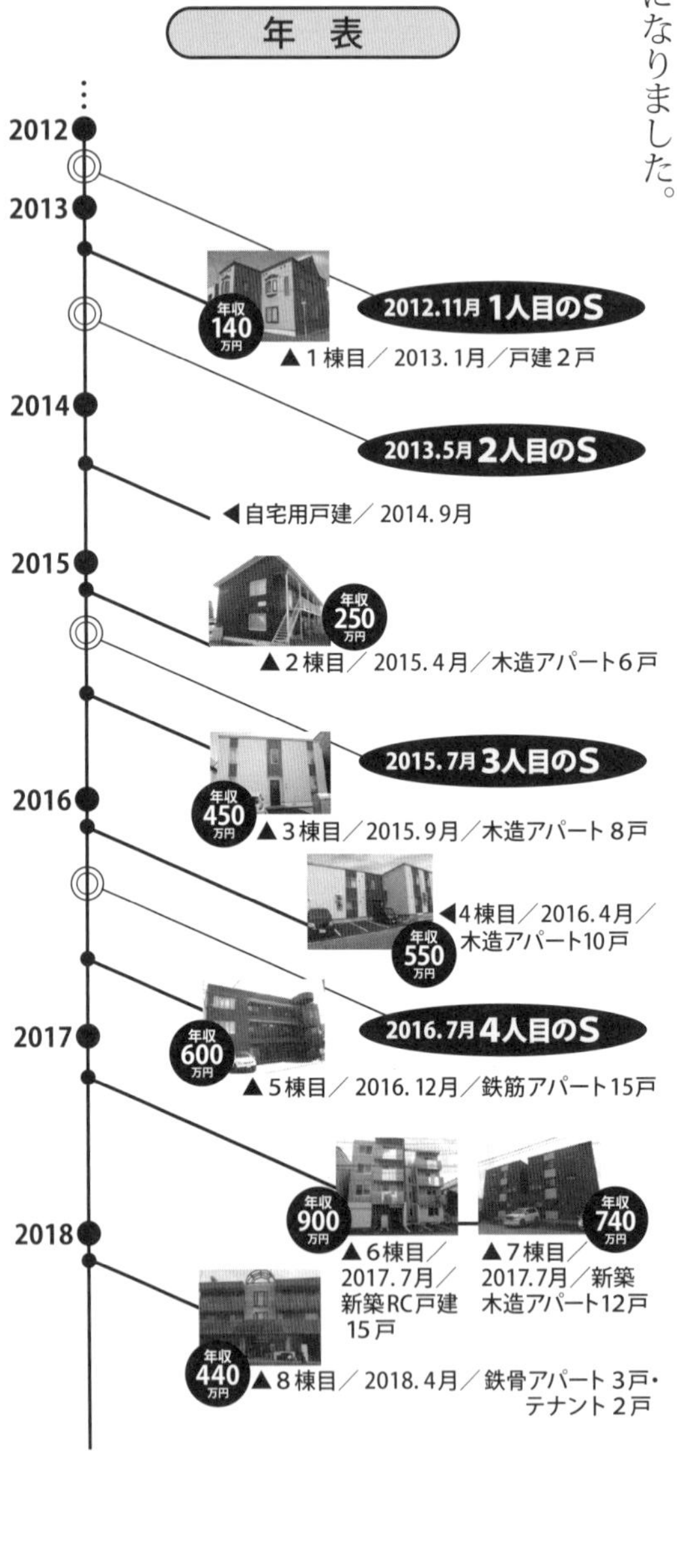

■1棟目　賃貸併用住宅　記念すべき第一号物件！

記念すべき1棟目は、戸建て（賃貸併用住宅）です。２０１３年1月に購入しました。

戸建てなのですが玄関が2つ、中が完全に2つに分かれていて、2世帯向けの珍しい物件です。場所も良く、建物も綺麗で今でも良い買い物をしたと思っています。

改修費用は30万円。完全分離になっていなかった部分をつなげたり、灯油の供給を2系統に分けたりといった軽微な改修ですみました。嫁の同級生の建築業者に依頼して、安くリフォームしてもらえたのもありがたかったです。初めて自分で地元不動産中心へ営業にまわったのも、いい思い出です。

2013. 1月／戸建2戸

築年数	購入時 17 年
間取り	2LDK ＋ 4LDK
利回り	8.8%
購入額	1680 万円
金利	1.9%固定
年収	140 万円
キャッシュフロー	月 6 万円

■2棟目

２０１５年４月購入。駐車場を自分で整備したりして苦労をしましたが、投資家としてのスキルを高めてくれた物件です。

場所は閑静な住宅街でありながら、街の中心部に近く、買い物にも困らない地域にあります、外観も塗装、屋根、窓等は前オーナーが比較的しっかり手を入れており、築年数ほどの古さは感じません。

間取りも２ＤＫでファミリー向けなので、一旦入居が決まると比較的長く住んでいただけています。

2015. 4月／木造アパート6戸

築年数：購入時 37 年
間取り：2DK × 6
利回り：14.2%
購入額：1800 万円
金利：1.9%固定
年収：250 万円
キャッシュフロー：月 6 万円

■3棟目

２０１５年９月購入。２棟目を購入直後に話があり、「買います！」と即答した物件です。はじめての新築。駐車場は世帯分ないのですが、ほぼ街の中心に位置しており、市役所、駅、スーパー等も近く、地方では珍しく車なしでもあまり困らない場所です

外観はさすが新築、２棟目とは時代が違います！（笑）

特に入り口の作りが戸建の玄関風なのが新しい仕様なのかと感じます。外装はアイボリーのベースとアクセントのライトブラウンの柔らかい仕上がりです。

2015.9月／木造アパート8戸

築年数：購入時新築
間取り：1LDK × 6
利回り：9.2%
購入額：5000 万円
金利：2.1%変動
年収：450 万円
キャッシュフロー：月 11 万円

■4棟目

3棟目の翌年、2016年4月購入。新築。

場所は閑静な住宅街にあり、正直なところ街の中心部からは少し離れていますが、角地で世帯分の駐車場を確保できており、家賃も戦略的な価格に設定したため、ずっと安定した入居状況が続いています。

外観は3棟目よりもブラウンが濃く、シャープなイメージに仕上がりました。

この物件から、新築にはオートロックを導入しています。

2016. 4月／木造アパート10戸

築年数：購入時新築
間取り：1LDK × 10
利回り：9.5%
購入額：5900万円
金利：2.4%変動
年収：550万円
キャッシュフロー：月14万円

■5棟目

２０１６年の12月購入。初めての中古の鉄骨アパートで15部屋あります。場所は街の中心部で、市役所も近く、駅、スーパーも徒歩圏内です。

駐車場も９台分確保しており、学生の方、社会人の方、年金生活の方など、老若男女問わずご入居いただいており、非常に懐の深い物件だと思います。

外観は購入後、私の好きなダークブラウンに塗装し、アクセントカラーのレッドを配色しました。

2016. 12月／鉄骨アパート15戸

築年数：購入時27年
間取り：1LDK × 15
利回り：15.5%
購入額：3800万円
金利：1.9%変動
年収：600万円
キャッシュフロー：月23万円

■6棟目

初めて法人購入、札幌市内進出物件、新築RCで15世帯です。

立地は地下鉄駅徒歩9分、閑静な住宅街に位置しており、そこまで好立地とはいえませんが、戦略的な家賃設定と外装、内装の良さ、加えて私の営業努力（笑）によって高稼働を維持しております。

外観はシンプルな打ちっぱなしコンクリートの壁に、アクセントカラーのレッドが効いた、非常に今風の仕上がりです。

2017.7月／新築RCマンション15戸

築年数：購入時新築
間取り：1LDK × 15
利回り：7.6%
購入額：12000万円
金利：2.4%固定
年収：900万円
キャッシュフロー：月20万円

■7棟目

木造3階建て、新築物件で12世帯です。

私の所有する物件の中では最も好立地にあります。おかげでこの物件に関しては、退去があっても退去予告の段階で次の入居者が決まり、空室になったことがありません。

外観はベースがダークブラウンでアクセントがアイボリーの、少しシックな仕上がりになっています。

2017.7月／新築 木造アパート12戸

築年数：購入時新築
間取り：1LDK × 12
利回り：8.7%
購入額：8500万円
金利：2.4%固定
年収：740万円
キャッシュフロー：月20万円

■8棟目

初めてのテナント付物件。3階建、鉄骨。

3Fが4LDK、2Fが3LDK×2、1Fが元電気屋さんでテナント2室です。

立地は街の中心部で、市役所、駅、スーパーも徒歩圏内です。

立地も良く、利回りも良く、銀行評価額も非常に良い物件なのですが、初めてのテナント付物件で、テナント部が空室の状態で購入したため、入居付けに苦心しました。

また、当初の予想以上に内外装のメンテナンス費用がかさんでしまっています。

得るものも出るものも多かった物件、というのが私の評価です。

2018. 4月／鉄骨アパート3戸・テナント2 戸

築年数：購入時 17 年

間取り：3LDK×2＋4LDK＋テナント2

利回り：14.7％

購入額：3000 万円

金利：1.9％固定

年収：440 万円

キャッシュフロー：月 20 万円

コラム❷ 運をよくする

実力付けるより運を付けろ！
運こそ全て！
真の幸福は、実力の世界ではなく、運の世界にある

運こそ全て。「そのように考えろ！」ではなく「これが事実だ」とまで言いきっておられる方がいます。運トレコンサルタント兼チアリードエンジェル（株）代表取締役 千葉修司さんです。

千葉さんは処女作『言葉相』でベストセラー作家となり、現在もメルマガ、YouTube配信、セミナーなど精力的に活動されています。

運と聞くと、何か棚ボタの様な、天から勝手にランダムに降ってくるようなイメージだったのですが、千葉さん曰く、運は自分の努力で良くできるそうです。

中でも、運を良くする為の絶対的な条件の一つに『親（先祖）を大切にしなさい』ということがあります。

自分が今あるのは、親（先祖）のお陰。それは間違いない事実であり、どんな親であっ

ても親を否定すると言う事は自分を否定することと同じ。そのような姿勢、考えでは運は良くならないということです。

千葉さん自身、少年時代に父親が逮捕されるという壮絶な体験をされ、家庭崩壊とはこのようなものなのかと、目の前で見せ付けられたそうです。親を憎んでも不思議ではない生い立ちですが、その体験があったからこそ、温かい家庭のありがたみが分かり「**お父さんのお陰で、自分は温かい家庭を築くことが出来ました、ありがとうございます**」と今では感謝しているそうです。このように考えられる強さに、素直に感動します。

千葉さんも、親（先祖）を大切にすることで、自身も強運になったといいます。

そんな千葉さんも大好きだという、パナソニックの創業者、松下幸之助氏の言葉をご紹介します。

『松下は運のええ奴が欲しいんだす。』
『人間はやっぱり運や。』

5章

お金持ち列車乗車のテクニック

●やらなきゃ分からない、サラリーマン大家さん

会社員をしながら大家さんになるのは、時間的な問題も含め、かなり大変なのではとよく聞かれます。次図は私のサラリーマン時代のタイムスケジュールです。

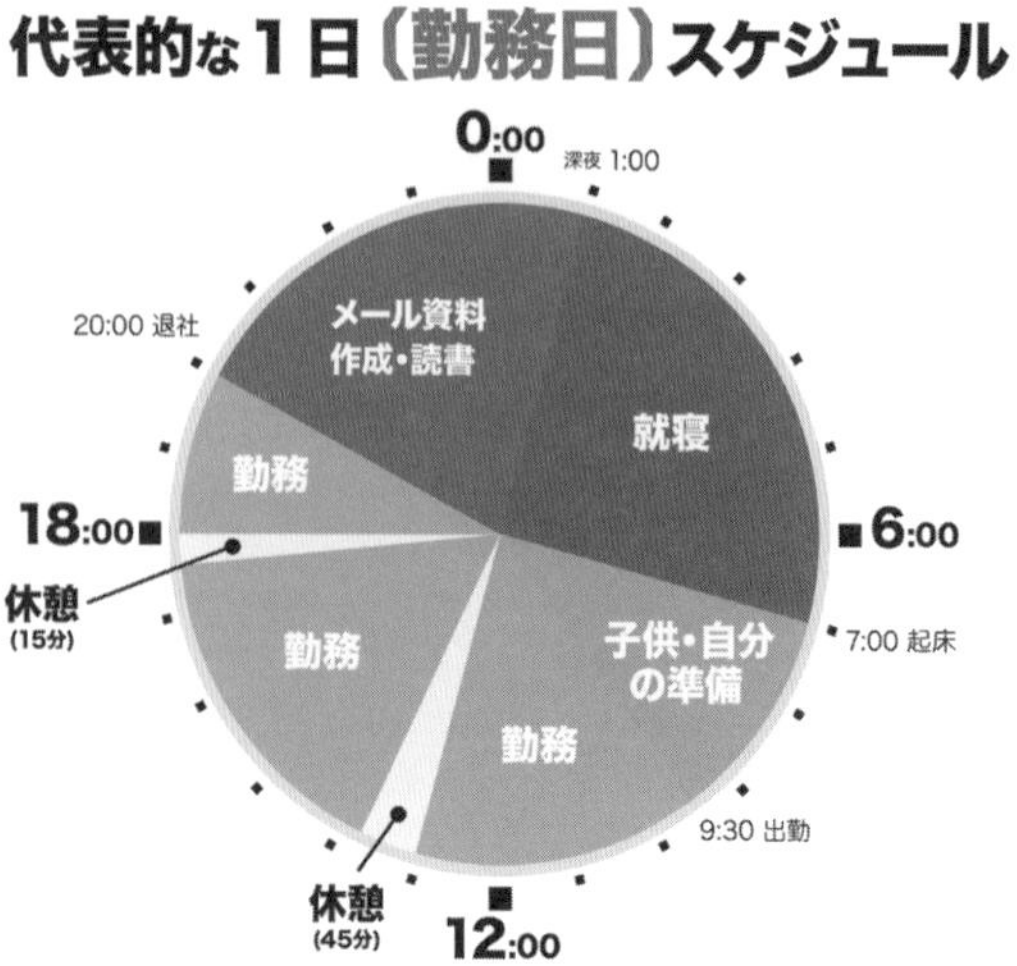

会社員時代の勤務日のスケジュール

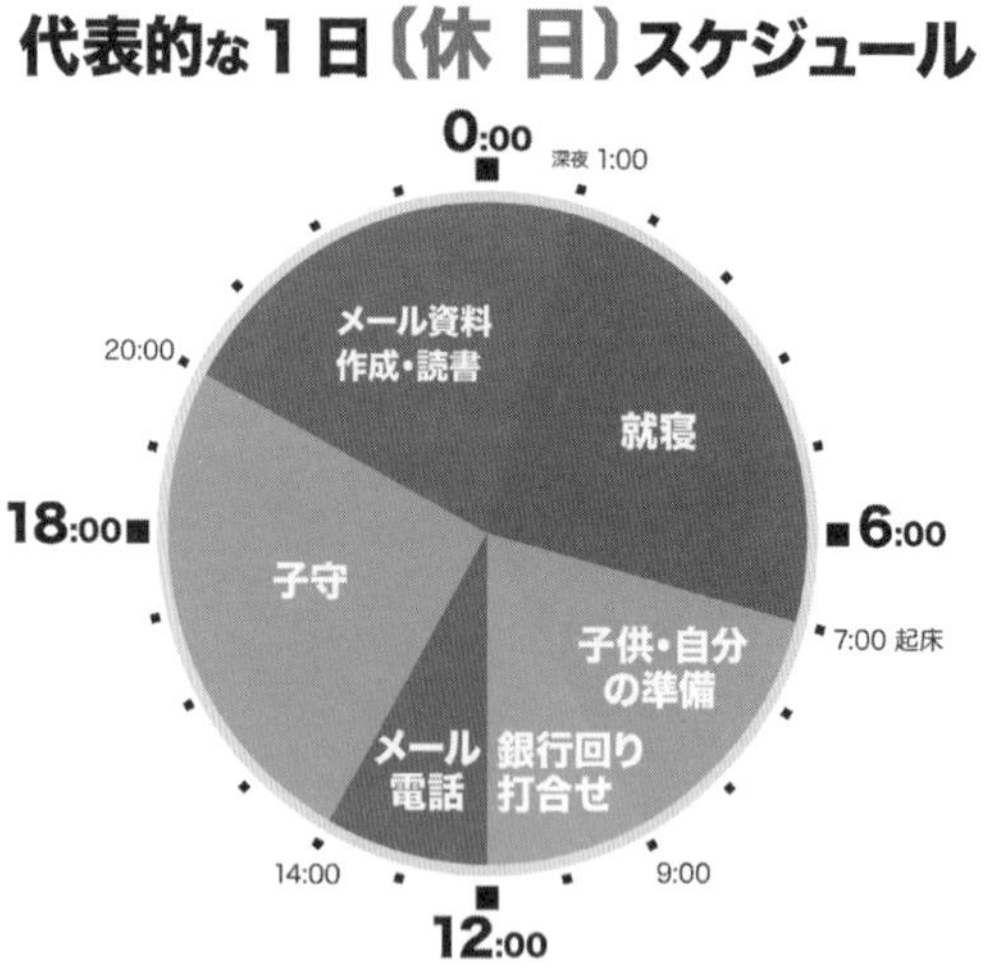

休日のスケジュール

平日は会社があるので思うように大家さん活動はできませんから、どうしても休日に時間を使うことになります。

サラリーマン大家さんのメリットとデメリットも、実際やってみないとわからないことが多くありました。

●サラリーマン大家さんのメリット・デメリット

思いつくままにサラリーマン大家さんのメリットを言えば、

・サラリー以外の収入がある　・考え方の幅が広がる
・素晴らしい人との出会いがある
・会社員の偉大さに気付く　・会社の有難さにも気付く
・世の中の仕組みが分かる　・夢を持つ事が出来る…

と、きりがないのですが、やはり、サラリーマンの属性を活かして、融資を受けて不動産投資ができるという点でしょう。

次に、サラリーマン大家さんのデメリットです。これもあげていけばきりがないのですが、

- **職場の周りでは誰もやっていないので孤独である**
- **家庭との両立に気をつかう　・休みがない**
- **想像していたより儲からない　・嫁の理解が得られない**
- **退去シーズンの春が嫌いになる**
- **一時的には手元に資金があるので、誘惑に負けそうになる**

中でも一番のデメリットは、やはり時間がないということでしょう。

●手残りの目安は総投資額の２％程度

「不動産投資によって、どのくらいの手残りが得られるのですか？」

このような質問を受けることが多いのですが、私はざっくりと**「総投資額の２％程度が目安」**だとお答えしています。

例えば、総投資額1億円なら２００万円、５０００万円なら１００万円です。

「なんだ、投資額の割には、そんなに儲からないんだなぁ」

こう思われるかもしれませんが、月給30万円の人からみれば、総投資額５０００万円で毎月８万円、総投資額1億円なら毎月16万円のお小遣いが入るのです。そう考えれば、悪くはないのではないでしょうか？

加えて、毎月の家賃から返済が進んでいくので、時間の経過や相場変動により物件価格＞残債の状態になれば、売却価格と残債の差額が現金として残ることになります。

賃料収入から各種支払い（経費・金融機関への返済・税金など）を引いた残り、最終的にオーナーの手元に残るお金のことを、**手残り＝賃貸経営におけるキャッシュフロー**といいます。

不動産の物件広告などにはよく利回り10％、12％といった数字が記載されていますが、これはあくまでも表面利回り（想定家賃÷購入価格）です。

実際には毎月の賃料収入から各種支払い（経費・金融機関への返済・税金など）が引かれるので、手元に残るお金は２％程度ということになります。

これは私自身の反省も含めて感じているのですが、サラリーマン大家は表面利回りに目がいきがちで、実際のキャッシュフローへの認識が甘いと感じています。

「サラリーは確定利益。キャッシュフロー（CF）は、不確定利益」

特に不動産でリタイアを目指す場合は、この本質的な違いをしっかり認識しておく必要があります。

●キャッシュフローの計算

すでに物件をお持ちなのに、自分のキャッシュフローが良く把握できていない、という方も実はたくさんいます。

ある程度の規模と部屋数になると、常に入退去や修繕に伴う経費の支払いや毎年の税金の支払いがあります。加えて物件の売買もしているとなると、さらに財務が複雑になるので**「最終的なキャッシュフローは決算が終わって税理士さんに聞かないとわからない」**という事になっても無理はありません。

（なお、前年に手元に残ったお金は、直近の確定申告書から簡単に計算できますので、把握できていない方はぜひやってみてください）

青色申告決算書と確定申告書を使った簡単な計算式

青色決算申告書（A）　⑲差引金額
＋⑧減価償却費
＋⑨借入金利子
－年間返済総額

税引前収支

－確定申告書（B）㊷所得税及び復興特別税の額
－確定申告書（B）㉖課税される所得金額の10％（住民税）
※その年度内に不動産売却された方は確定申告書第三票の⑰番参照

手元に残るお金

【手元に残るお金の算出方法】
・所得税青色申告決算書（不動産所得用）（A）
・確定申告書（B）

●キャッシュフローには波がある

物件単体でキャッシュフローを見た場合、キャッシュフローは経年により大きな波があります。

築年数の経過と共にキャッシュフローが悪化する理由はいくつかあります。

まずは、物件が古くなって家賃が下がったり、空室率が上昇したり…という経年劣化による売り上げ低下の問題です。この問題は、定期的なリフォームによる物件のバリューアップや大家さんの営業努力によって、ある程度は補完することが可能です。

しかしいくら経営努力をしても避けられないのが、**帳簿上の経費減少による、所得税増加の問題**です。

所得税の増加に大きく影響する経費には、次の2つがあります。

①借入金の金利

②減価償却費

①借入金の金利

「元利均等返済」方式の場合、金融機関からの借入金の返済額は毎月一定ですが、返済が進むにつれて返済額に占める金利の割合が減少していきます。

金利は経費計上ができますが、元金返済部分は経費計上ができません。

返済金額が変わらなくても金利部分の支払いがどんどん減少していくため、帳簿上の利益は増加し、所得税も増加します。

金利支払いと元金返済の割合、支払総額の推移は次のようになります。

②減価償却費が減少する

不動産投資の場合は、**建物と設備について減価償却が可能です。**建物の構造別に償却年数（法定耐用年数）が決まっており、鉄筋コンクリート造（RC）は47年、重量鉄骨造は34年、木造は22年です。設備の償却年数は種類によって異なりますが、おおよそ5年～15年です。

新築当初は経費計上できる減価償却費が大きいですが、経年により減価償却費は減っていきます。特に設備分は償却期間が短く、約15年でほぼゼロになるため、経費計上できる減価償却費が減り、利益が増え、所得税が増加してキャッシュフローの悪化につながってしまうのです。

このような経年によるキャッシュフローの減少に加え、大規模修繕の必要性が出てくるのが築20年頃です。場合によっては、キャッシュフローがマイナスに落ち込むこともあります。（余談ですが、**ＲＣ造の売却物件に築20年前後の物件が多いのは、大規模修繕の負担がかかる前に売却したい**、と考えるオーナーが多いためとも言われています。）

返済額に占める利息と元金の割合の変化

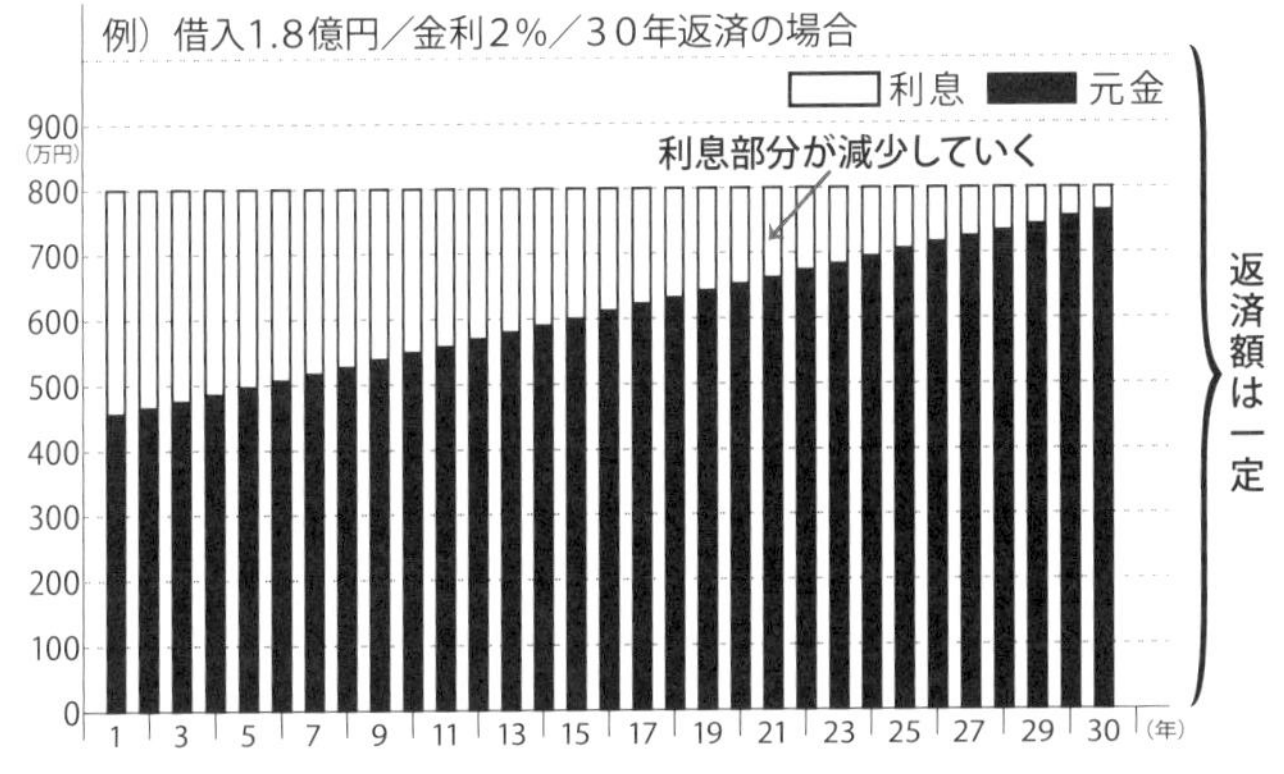

●投資のスケールメリットを考える

融資を受けて購入した物件で賃貸経営をしている以上、経**年にとってキャッシュフローが減っていくことは避けられません。**キャッシュフローの変動とその仕組みを理解し、他の物件と組み合わせながら平準化させていくような戦略を練っていく必要があるということです。

投資規模を大きくして複数物件を持つと、借入が大きくなるというリスクはもちろんありますが、スケールメリットを得ることでキャッシュフローが増え、節税や物件入れ替えなどの選択肢も増やせるので、リスク回避につながるという面もあります。

先にサラリーマン大家さんの最大のメリットとして、属性を活かして融資を引けるという点をあげました。しかし、するが銀行ショックをきっかけに、金融機関の融資姿勢が厳しくなってきているのも事実です。中には**「サラリーマン大家には貸さない」という方針の金融機関**もあり、かつては2億3億ひけたような高属性サラリーマンでも、1億円程度の融資でも通らないという事例を見聞きします。

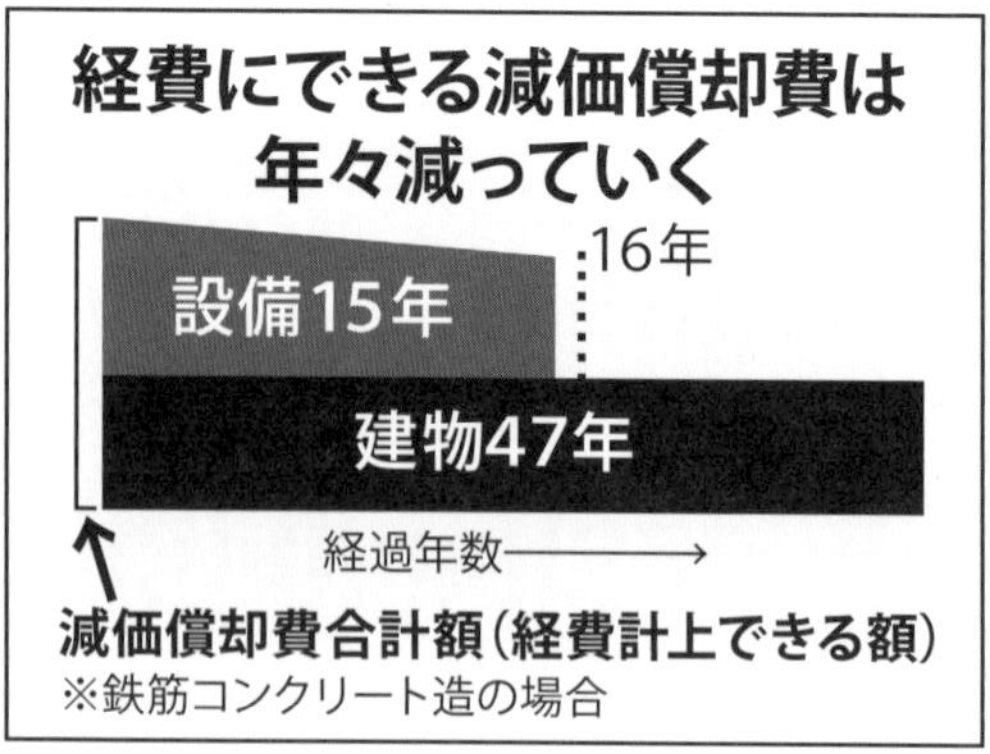

そんな中でも、融資の出る金融機関はありますし、**融資が出やすい物件、融資を受けやすい書類の書き方**というものがあります。

そのあたりは、やはり**常に金融機関とつきあい、最新情報に触れている専門家にはかないません。融資に強い業者さんから購入する**というのも一つのポイントです。

●不動産投資の損と本当のリスク

不動産投資には、**金利上昇、退去、修繕、家賃滞納、事故、市況の変化**など、数多くのリスクがあります。個々の課題については、私がここで説明をしなくてもネット検索をすれば多くのガイダンスがありますので割愛しますが、私にとって大きな問題は、良い物件があれば、すぐ「買います」という私の行動に「嫁の機嫌が悪くなる」ということです。(笑)

これはつまり、物件を購入するたびに増え続ける数億円以上の**「借金」のプレッシャー、不安からくる反応**です。

それはそうですよね。自らの努力ではいかんともしがたい部分、たとえば政治や経済の動向、戦争や災害などの時勢の変化で、金利や市場での賃貸価格、不動産評価が大きく変わればいとも簡単に資産評価にずれが生じて、債務超過になることもあるのですから。いかに奥さんに説明し、納得し、協力してもらうかが重要だと思います。

メンターの末岡さんに相談すると、**「奥さんに毎月家賃が入金されている通帳を見せろ」**とアドバイスを受けました。でも、うちの嫁は「見たくない」と拒否（笑）、そして大体借金が1億円超えて、さらに3棟目を検討していた時期には、ちょうど2人目の出産直後だったということもあり、精神的にも不安定になっていました。このタイミングが拡大路線でいくか、安定志向でいくかの岐路だったと思います。

私も悩みました。嫁は大切だし、尊重もしたい。たしかに子どもが増えて、多額の借金をして失敗したらどうしようという不安はわかります。でも、**私はあえて「逆に、嫁、子どもがいるからやるんだ」という発想に切り替えて進むことを選択**しました。やはり人と同じ発想をしたら駄目だ、神が試練を与えている時こそ成長のチャンスだと考えたんです。

こちらの腹が据わると、嫁も次第に理解を示してくれるようになりました。

2章で「お金持ち列車」に乗るためには「借金」をするしかない。「借金が自分に利益をもたらしている」という理屈を理解して、メンタルブロックを外すことが重要であると書きました。

これは奥さんについても同じことです。

家族の幸せのために不動産投資をしているのですから、奥さんに精神的な負担を強いて家庭が不和になったら本末転倒です。

●お金に幻惑されない、強い心を持つ

「お金持ち列車」に乗ってまず変わるのは、**いきなり月々何十万円も現金が入ってくる**ということです。

誰しもお金が嫌いな人はいませんから、**最初は気持ちがよくて、うれしい限り**です。特に会社員は決まった月給で働いていますから、いきなり自分の給与と同じ規模の家賃が入金されてくると驚きます。

「自分もやっとここまで来た。今日からお金持ちの仲間入りだ～」

実際はそこから、借入先への返済、リフォーム費用や電光熱代金、管理費、税金などの支払いがあるのですが、入金額を見ると、つい余裕があると勘違いしてしまいます。そして質素に生活していた会社員時代にはなかった、**驕《おご》り、高ぶりや誘惑が自分を襲ってくる**のです。

人にもよりますが、飲食、夜遊び、異性、車、趣味への浪費…と誘惑の入り口が無数に「お金

持ち列車」の窓から見えてきます。

特に怪しい投資話、**仮想通貨や未公開株、新興国不動産への投資など**には気を付けたいと思います。未公開情報として流れてくるものには多分に詐欺的なものも含まれています。気が付いた時には、あっという間に資産をうしなってしまいかねません。

不動産におけるキャッシュフローは、次の物件の為の準備金であり、今後の賃貸経営で生じる修繕や税金の支払いのためにもストックしておく必要があります。

また、最初の数年は取得コストやリフォーム代など計上できる経費が多くキャッシュフローが増えるのですが、それがずっと続くと思ってはいけません。

長く保有していると経年により建物や設備の減価償却費が減るうえに、毎月の返済額に占める金利の割合も減っていくので、結果として税金が増え手残りが減るという状況が起こってきます。これは満室経営をしていても起こる構造上の問題なので、理解して準備しておく必要があります。

今まで以上に節制するくらいの強い心がないと、必要な時に資金ショートということにもなりかねません。

●その家賃、お金はどこからきたのか？

私は量販店の会社員時代に、接客の仕事で多くのお客様と接してきました。その人がどんな人なのか、何を求めているのか?、どうして欲しいのか？　を察して対応する「人に対する目利き力」が磨かれたと思います。

私のやり方としては、まず駐車場でその人の車をみます。そして乗り方をみると、なんとなくその人のなりがわかるのです。この人は何歳で、家族構成はどうか、趣味は?とイメージを膨《ふく》らませていくうちに、だんだんバーチャルなその人が頭の中に出来上がります。そして、頭の中のその方に合わせて、細やかな接客と営業を心がけていたのです。

この**人に対するイメージング**は、仕事上の営業成績アップにもつながったのはもちろん、不動産投資を行う上でも非常に役立っています。

不動産投資界隈には、海千山千のツワモノがたくさんいます。歴史のある財閥系の大手不動会社が、地面師といわれる詐欺集団に騙された詐欺事件も記憶に新しいところです。人を見極める目利き力がないと、私たちのような初心者マークの投資家はひとたまりもありません。

そして人に対してだけではなく、「お金」についても私は同様にイメージングしています。

入居者が毎月支払ってくれるお金は、いったいどこからくるのか？
どんな人たちの手を通して、自分のところまでやってきたのか？

入居者はお仕事をして収入を得て、それぞれの生活、人生を送っています。その大切なお金の支払先の一つが自分のところの家賃なのです。

家賃が生まれる仕組み、不動産運営を考えてみると、実に多くのいろんな分野の専門家の人たちの協力で、この家賃が生まれたことが分かります。

「お金は寂しがりやなので、仲間を連れてくる」と、よく言われますが、**自分の家賃がどんな旅をしてここまで来たのかを想像すると、その金がより大事になります**し、愛情すら感じてくるようになるのです。

お金を好きになれば、もっともっと自分のところに来てほしいと思いますし、空室ができて家賃がはいってこなくなると、悲しくもなります。部屋をよりよい状態にし、まめに営業をして空室を埋めるモチベーションにもつながっています。

「早く仲間を呼んできて！」、という感じでしょうか。

●付き合う人を絞る

不動産投資は、**「良い人の縁」が築けない限り、絶対に成長できません。**

悪い言い方かもしれませんが、相手を絞る、ということが重要なのです。

それは一言でいうのは難しいのですが、「この人は良い、悪い」という人格の善悪が判断基準なのではありません。

私は、「お金持ち列車」に乗車できてから、そこに乗車している人たちが、明らかに外の人たちと違うことに気づきました。

乗客の皆さんは、**愚痴をあまり言わないし、人の悪口も言わない**のです。

あるゲーム会社の社長さんは、人と付き合ううえで、３つのポイントを基準にしているそうです。

①会って楽しい人と付き合う
②お金が儲かる人と付き合う
③世の中のためになる人と付き合う

非常に納得できる言葉です。

私は、投資を自分でやるようになって、同僚の愚痴を聞くのが苦痛になってきました。全く楽しい気持ちになれないし、やらない言い訳をいくら聞いていても、一銭も儲かりません。有益な批判は大事ですが、単に物事をネガティブにみているだけでは、よい変化は起こりません。

私が、投資のメンターの人たちからのアドバイスや、これはという案件条件に即時に対応できるのは、ある意味、部屋の掃除で「断捨離」という言葉があるように、人脈もすでに断捨離し、有益な尊敬すべきメンバーとつきあっているため、その情報を信頼できているからです。

メンターの末岡氏は**「人の細胞が3年で入れ替わるように、人脈も5年で全部入れ替わってもよい」**と言われています。散らかった部屋を掃除するように、人脈にも整理が必要で、本当に大切にしたい人だけを大事にしたほうが、自分も周囲も幸せに生きられるというわけです。

●そのお金がどこからやって来たのかをイメージングする

コラム❸ 本当は失敗などない

今振り返ると、**自分の人生は失敗の連続でした。**

生まれてきた環境も決して有利ではありませんでした。

学校の成績は並み以下、特に優等生でもない生徒でした。しっかり学生時代を過ごさなかったのは、失敗と言えます。学歴も高卒で高学歴ではありません。これも失敗と言えます。

社会人になってからも転職を繰り返したり、時には定職にも就かずに暮らしたり…様々な理由はあったにせよ、これも失敗です。

20代中盤の頃、同級生たちが安定した仕事で定職に就き、腰を据えて働き、結婚し、家庭を持っていく様子を横目で見ながら、

ああ、自分は出遅れてしまったな…。

なんか自分、今までツイてなかったなぁ…。

これからどう生きていこうか…と、ネガティブになった時もありました。

ただ、なぜか自分の中では、いつか成功するだろうという楽観的な気持ちがあったことも事実です

自分の人生の流れが変わったと感じたのは、20代後半の頃です。

大手量販店に就職し、30前半で結婚し、子供が生まれ、家庭を持てました。これは本当に有り難いことだと思います。転職癖がなくなり、安定した職場で家庭を得たことが、私の不動産投資の基盤を作ったことは大きいと思います。


亡くなった祖母がよく言っていた言葉を思い出します。

『苦労は買ってでもしなさい』

今、自分の過去を振り返ると、全ての経験が無駄なく繋がって、今の自分になっている事を感じます。


確信を持って言えることがあります。

失敗したことで挑戦をやめてしまったら、それで終わりです。

つまり、挑戦を続ける限り、本当は失敗などないのです。

6章

予測不能時代の不動産投資の今後

●みんなが知りたい、予測不能時代の不動産投資の今後

「スルガ銀行の投資用不動産向け融資1.8兆円。そのうち書類改ざんの不正行為があったものは5500億円、不正が「疑われる」ものも含むと総額1兆7700億円の不適切融資が見つかった。不正は件数にして9400件にのぼる」(2019日経新聞)

国民レベルで有名になったスルガ銀行事件や、「かぼちゃの馬車」事件で注目された詐欺まがいのシェアハウス投資案件など、最近の不動産投資のイメージは、正直なところ良くないと思います。

なかには、30年家賃保証、8%利回り保証とうたった契約書を信じて銀行からローンを組んだ途端、たった半年後にその不動産業者が倒産するなどという事例もあります。**この業界には、「おいしい話には罠がある」とみて、まず間違いはありません。**

だからこそ、読者の皆さんも「本当のところはどうなんだ?」と、私のような地方の無名のサラリーマン大家の本書を手に取ってくださったのでしょう。

私もそうでしたからわかるのですが、リスクがある投資の世界のリアル、そして「今後どうなっていくのか」を知りたいのだと思います。

実は、本書刊行直前に中国発のコロナウイルスのパンデミック騒動（２０２０年）がありました。本章では各方面の専門家の意見をきいて、今後の東京五輪（中止騒動）以降の国内不動産状況についてどう考えるか、あくまで私の個人的な見解をご参考までにまとめてみました。

●長期的には、不動産価格は下落するのか？

不動産価格に影響を与える要因は複雑に絡み合っているので、どのシナリオもそれなりの説得力を持つと同時に、不確定要素も多く混沌とした状況であるといえます。誰にも、正確にいつが不動産価格のピークを迎え、そして底値を付けるのかを予想することはできません。

①オリンピック（中止騒動）以降、不動産市場は暴落するのか？

東京五輪による不動産価格上昇を目論み、都心一等地の高級マンションを爆買いした海外富裕層が一斉に売り抜ける動きもありますが、私は暴落説には賛同できません。

たとえば、２０１２年ロンドン五輪後には、英国政府が「ロンドン五輪が不動産市場に与えた影響はなかった」とレポートをだしています。この要因として、**五輪開催に伴い、市街地の再開発が行われ、インフラの整備がされた**ことが挙げられています。

東京五輪でも新国立競技場をはじめ、有明アリーナ、海の森水上競技場、若洲オリンピックマリーナ、選手村などが建設され、羽田空港の発着枠の拡大や晴海と銀座を専用レーンで結ぶバス高速輸送システム建造など、オリンピックに向け交通インフラも整備されました。海外からのインバウンド需要も、ここ数年大きな伸びを示しています。

オリンピック関連工事が終わることで景気が悪化するという見方もありますが、**建築業界では、首都圏を中心に２０２５年頃まで大規模再開発が続きます。**大きな落ち込みはないとみてよいのではないでしょうか。

②建築現場の人手不足は続くのか？

五輪関連整備建築の影響もあって、オフィスビルもマンションも一戸建ても、どの現場でも工事が遅れており、通常は３ヶ月で済む一戸建ての建設に2倍の時間を要する状況がありました。これは、東京に人材をとられたせいで、建築現場が人手不足だったからです。

かっては約６００万人の人口を抱えていた建築職人の世界ですが、**リーマンショックの不況で大量の職人が引退**して、３１１震災復興に伴う建設需要の増加、アベノミクスの好景

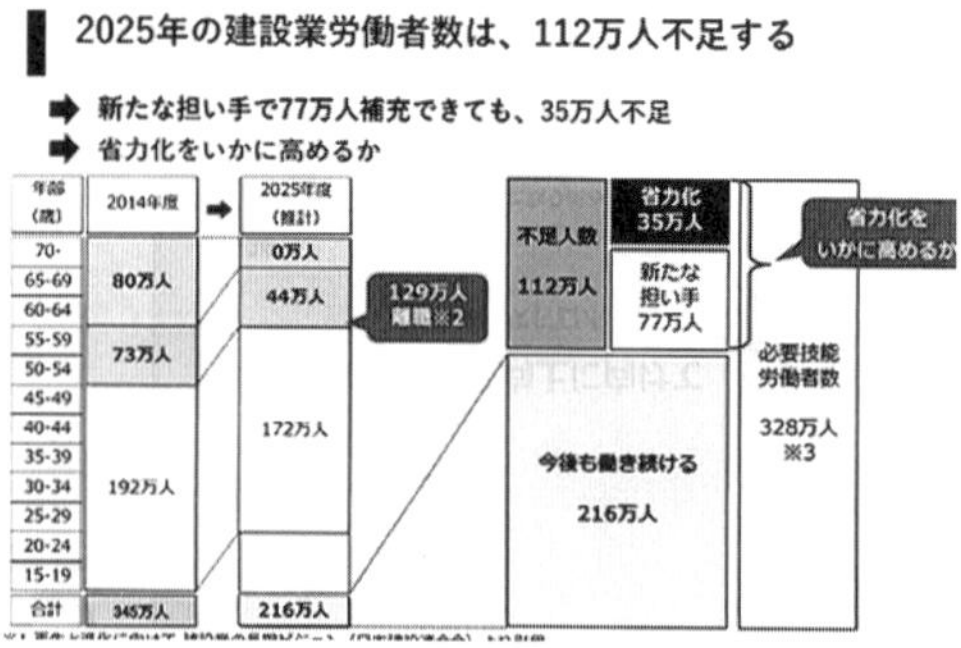

２０２５年には建設労働者１１２万人が不足する
日本建設連合会より

気の時期にも戻っては来ませんでした。

五輪以降には400万人を切るといわれていて、職人の平均年齢も60代、この高齢化した現役の職人が引退すると、後継者世代がいなくなると国土省は予測しています。

そうした人材面での人手不足は、当然建築価格面に影響を与えるので、今後、外国から流入する建築現場のスタッフが増加したとしても、熟練した建築職人に育つまではかなりの時間がかかるので、**建築費用は下がらないでしょう。**

③度重なる気候変動による大型天災の復興需要と「ハザードマップ」リスク

建築現場の人手不足は、311東日本震災以降も毎年のように日本全国を襲う地震や、気候変動による大型台風の上陸被害も影響しています。

2019年に連続して首都圏、東日本を襲った巨大台風は、公共インフラに多大な損害をもたらし、鉄道や港湾、道路だけでなく、今まで安全とされてきた**タワーマンションなどの高層建築物の評価まで変える**ほどの

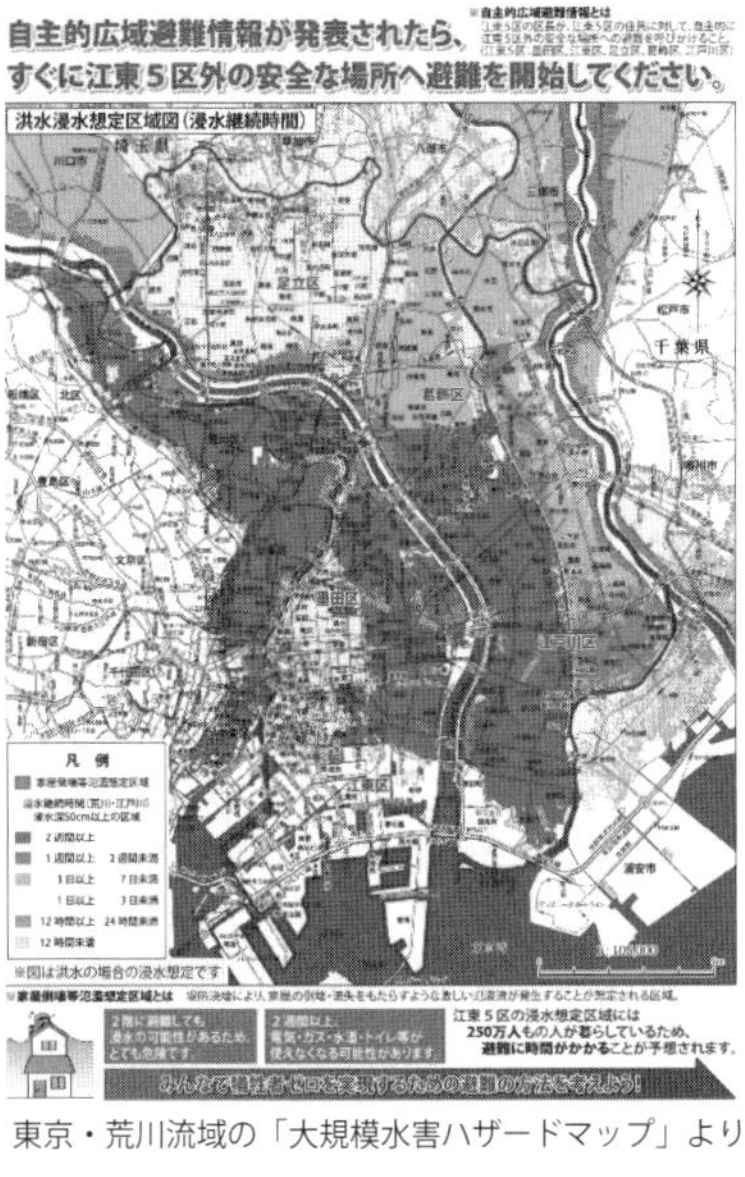

自主的広域避難情報が発表されたら、
すぐに江東5区外の安全な場所へ避難を開始してください。
洪水浸水想定区域図（浸水継続時間）
埼玉県
千葉県
凡例
※図は洪水の場合の浸水想定です

東京・荒川流域の「大規模水害ハザードマップ」より

ショックを与えました。

特に、行政が出した「ハザードマップ」が2018年の倉敷市真備町の水没エリアの予測的中に続き正確だったため、洪水や水没直前までに至った都心の300万人規模の「水没想定エリア」の住民に深刻な心理的不安を与えました。

今後、**全国の「水没想定エリア」の地価や不動産価格にどういう影響がでるか**わかりませんが、売却希望者の増加と、移転買い替え需要の混乱が拡大していくのではないかと思います。**水没想定地域はより安く、安全な地域はより高く、という二極化**が進んでいくのではないでしょうか。

④消費増税の影響は?

消費税率は今まで3%、5%、8%、そして今回10%へと段階的に引き上げられてきました。京都大学大学院の増田聡教授の消費者心理実験によると、**8%から10%への増税は「税率を計算しやすい」**という理由から、過去の増税時より1.4倍、女性に限れば2.9倍もの買い控え効果があるという予測がでています。

これは、1万円の買い物をしようとしたらプラス1000円の消費税が計算しやすくなるので、心理的な負担感が過去になく大きく感じられるというわけです。

期待されたほど大きくはなかった高額不動産の駆け込み需要の直後には、購入が落ち込み、価格下落する可能性があります。

特に、販売業者が在庫処分販売するため価格が下落し、その影響が既存のマンション価格にも波及して下落が連鎖反応を起こす可能性はあるでしょう。

しかし、売主が業者の場合は、引き渡しのタイミングで建物部分に消費税がかかるため、**建物価格上昇が見込まれる効果**もあり、総合的には専門家も予測しづらいでしょう。

⑤マンション・バブルの崩壊はチャンスか？

2010年からの新築マンション供給戸数は、ピーク時と比べると半減し、在庫数の伸びはやや緩やかになっています。2016年度末の在庫戸数は633.5万戸。

国土交通省の不動産価格指数（2008年4月〜2017年12月）によると宅地や戸建て住宅の価格は、2017年まで10年以上にわたって横ばいでしたが、**マンション価格だけは、2013年以降右肩上がりで上昇を続けています。**上昇幅は、全国平均価格でなんと4年で約4割弱。なかには約8割も上昇している地域もあるくらいです。

この背景には、マンション投資ブームがあったといわれています。このブームには次のような背景がありました。

・アベノミクスの「異次元の金融緩和」により、不動産投資への融資が非常に受けやすかった
・マイナス金利の導入で超低金利が長き、不動産投資での利益が得やすかった。

・**「老後の2000万円不足問題」**で、老後の生活費の補填法として注目された。
・相続税対策で、減税効果が見込まれる不動産投資が利用された。

現在、不動産投資への融資は急速に絞られています。買える人が少なくなるため、**以前のバブル崩壊時のように、売買価格が急落してもおかしくない状況**です。その崩壊時期が五輪後ではないかと懸念されています。

もちろん、これはすでにローンを組んでいる投資家にとってはリスクのある予想になりますが、逆に投資家全般からみれば、**価格下落時は新たな仕入れのチャンス**だとも思えます。私自身も、安く購入できるようになればもっと仕入れたいと考えています。

「就職氷河期の団塊ジュニア世代」や、なかなか不動産購入に手が出なかった**「非正規」労働者ゾーンにとっては、ようやく不動産購入のチャンスが巡ってくるかもしれません。**業界全体にとっては、良くも悪くも活性化のターニングポイントではないかと、私は前向きにとらえます。

⑥2022年「生産緑地法」の農地課税撤廃による住宅転用

都市部の農家対象に、1992年より、生産緑地の所有者がその土地を農地とする限り、固定資産税の課税を「30年間」は農地並みに軽減していた「生産緑地法」。

それが、22年に期限を迎えて、**多ければ東京ドーム900個分の生産緑地が、住宅用地として、**

不動産市場に出てくる可能性があると国土省は予測しています。これは30万戸以上の新たな市場投入を意味しており、価格の低下を招くという説と、新たなアパート投資ブームを起こす起爆剤になるという声もあります。

⑦将来、省エネ基準が義務化

２０２０年より実施予定だった国土省の新築住宅を対象とした「省エネ基準」は、ひとまず延期にはなりましたが、いずれ導入は避けられないでしょう。米国トランプ政権では無視されていますが、パリ協定に基づく温室効果ガス排出削減目標の達成につなげるのが狙いで、**建築主は断熱窓や発光ダイオード（ＬＥＤ）照明、高効率の空調といった設備の導入が求められます。**

これは、１９８１年の新耐震基準に加えて、住居に新たに「省エネ性」「耐久性」の３つの性能が求められるということです。これで、省エネ基準を満たしていない建物が売買の対象にならないリスクがでてきますので、要チェックです。

建物の省エネ設備の例

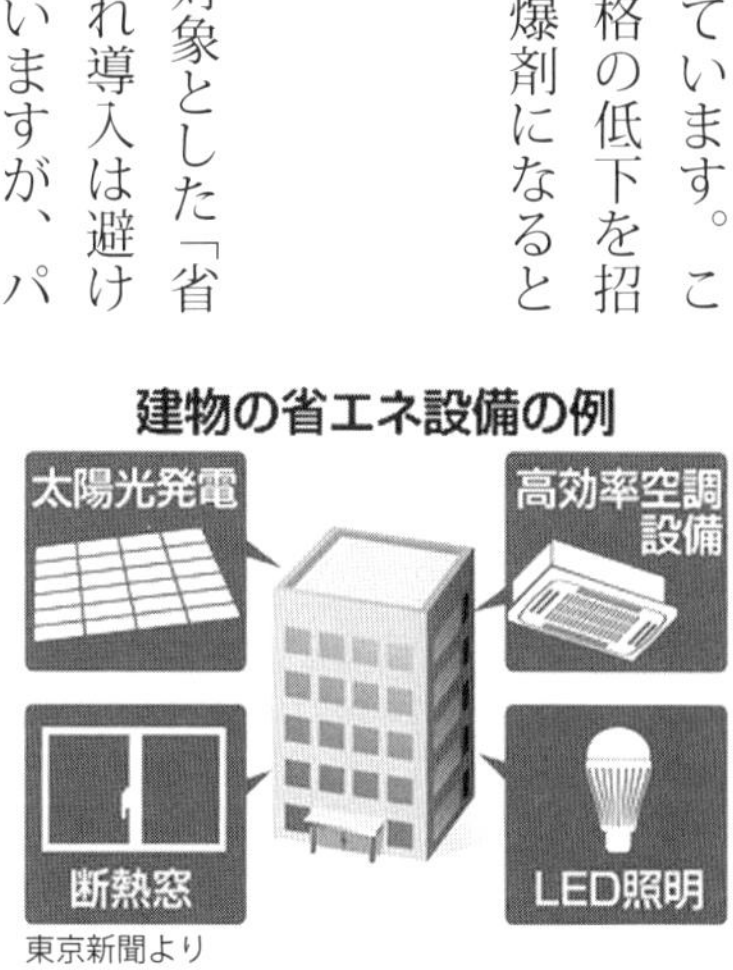

東京新聞より

⑧予測不能なパンデミックの「都市封鎖」とテレワーク在宅勤務需要

本書刊行直前に、突然世界的な流行となった２０２０年の**中国の新型コロナウイルス感染症**

（COVID-19）は、１３００万人の武漢市民が封鎖直前に実に５００万人が武漢市から逃げるなど、今までにない都市運用の問題点を突きつけました。中国政府は北京、上海などの大都市80か所を封鎖して、**3億人以上が自宅に閉じ込められて、自由な交通移動が制限される**など、今までにない予測不能な事態となりました。

中国では、実に**2億人がネットを活用したリモート（テレ）ワークで、生命と仕事を守った**のです。

本書を読まれている時点で世界がどうなっているか、想像もつかないのですが、一度収束していたとしても、世界的なパンデミックは、人類に２００３年のＳＡＲＳ（サーズ）の時とは比較できない恐怖を与え、密度の高い都市空間の脆弱性を浮き彫りにしました。

今後の感染予防策としては、政府が推進しようとしても進まなかった**「働き方改革」の柱である、テレワーク、SOHO（スモールオフィス・ホームオフィス）、在宅勤務**が、社員や自営業、家族の命を守るための前提として、推進されていくと思われます。

五輪でも都心に集中する社員の通勤を在宅勤務にシフトさせて、どこでも仕

事ができる「職住一致環境」を国や東京都がサテライトオフィスを推進していましたが、このパンデミック騒ぎは、根本的な部分で「働く、生活をする空間」という不動産や都市の社会構造に影響を及ぼすかもしれません。

不動産投資への経済的影響が気になりますが、中国は世界のグローバル・バリューチェーンに深く組み込まれているので、中国での生産停止の影響は地球レベルで、不動産投資活動にも及ぶでしょう。

たとえば、北海道でいえば、世界的なリゾートブランドとなった**ニセコ周辺の中国投資家による不動産買収**が、どうなるか？多くの富裕層が、いままで以上に日本への資金避難で、不動産投資を高めるという声もありますし、そんな余裕はチャイニーズマネーには残っていないという声もあります。

⑨少子化と空家、空室の増加

少子高齢化の進行に対して、アパート、マンションの供給は減少していないので、当然空室が増加します。そして、空室が増加してもマンションは、その価値を維持するためには修繕や管理が必要ですが、空室が多いとそのコストが負担できなくなり、結果として荒れて、アパート、マンションの価格下落を招くことになります。

確実に人口減、空家増大に向かっている現在の日本では、中長期的には、不動産価格が下落していくことは避けられないでしょう。とはいえ、人口がゼロになるわけではなく、賃貸需要もけしてゼロにはなりません。要は競合の中でどうたたかっていくかという問題です。

●一番のリスクはやはり「空室」

先にも書きましたが、いつ不動産価格がピークを迎え、そして底値を付けるのかは、誰にも正確には予想することはできません。

しかし相場がある以上、ある程度の上げ下げは許容範囲です。不動産投資においては、たとえキャピタルゲインが狙えない時期であっても、入居者からの家賃というインカムゲインが見込めます。このインカムゲインによって借り入れの返済は進んでいくわけですから、売却後に利益が残る可能性は、長期で持つほど上がっていくわけです。

待つのも相場、という言葉があります。いざとなったら気長に持つさ、という気持ちで取り組めるのも不動産の良い所だと思います。

こう考えると、**不動産投資における一番のリスクはやはり「空室」**です。

「金持ち父さん貧乏父さん」で知られる投資家ロバート・キヨサキ氏は、入居者が付きにくい物件を「ワニ」と呼んでいます。ワニ物件は、入居者がおらず家賃が入らなくても、管理費・修繕費・固定資産税というエサを食べ続け、最後はオーナーの資産まで食いつぶしてしまいます。

私たちが欲しいのは、資産を食いつぶすワニ物件ではなく、家賃という金の卵を生むニワトリ物件です。立地が優れた、競争力のある物件を選ぶことはもちろんですが、物件の魅力をアップデートしていくマーケティング力、客付けを促すための営業力など、大家の資質と努力が問われる時代になってくると思います。

これからの時代は、賃貸経営も人任せでは勝ち残っていけません。自分の物件をワニにするかニワトリにするか。大家の手腕の見せ所です。

コラム❹ Vシネ流、お金持ちになる為に

ここでは、私がお金持ちになる為に、実践してきた事をお話します。

何を今さら…と言うような内容も多いですが、実際効果があったと感じる内容を3つほどご紹介します。

その1 器を大きくする

私が尊敬する、トニー野中さんの著書の中に
『人としての器を大きくすること』と、ありました。

器が大きくないと、いくら上から富が舞い降りてきても、こぼれてしまう。

数年前にこの言葉に出会い、大きな感動と納得をした私は、その日から自らの器を大きくすることを意識して、行動していきました。

一口に「器を大きく」と言っても、どうすれば良いのか?

考え、実践したのは『**人の悪口を言わない、愚痴らない**』、『**怒らない**』という事でした。

ただ、経験論ですが、この『器を大きく』を実践してみると、悪口を言いたい事や愚痴りたい事、理不尽な事や腹の立つことが大挙して押し寄せてきます。

それを『愚痴ったり、怒ったら負けだ』と、ひたすら耐えます。

色々なことが起こる時期とも重なり、恐らくストレスで人生で初めて蕁麻疹が出ました。

これは恐らく神様が『おまえ本気なのか？』と、試練を与えられているのだと考えました。

そして、試練を与えられるという事は、この道は間違ってはいないのだと自分に言い聞かせ、乗り切りました。今でもこの実践は続いています。

その2　本を読む

この世に本ほどコストパフォーマンスに優れたものは無いと思います。

ユダヤ人の教えに『借金してでも本を買え』と、あるそうです。

理由は、**富、財産は奪われても、頭の中の知識だけは決して奪われることはなく、知識さえあればゼロからでもまた富を築けるからです。**歴史上、何度も迫害され、その度に全てを奪われてきたユダヤの人々の教えは、知識を得る本当の意味と、知識を得る重要性を伝えてくれています。

投資、お金関係に限らず、歴史、健康、趣味、人物伝… etc
あらゆるジャンルの本がこの世の中には揃っています。

しかも、それがいつでもインターネットで買えて、自宅まで配送してくれる時代です。こんな良い時代なのに、本を読む人が減っているそうです。本当にもったいない事と感じます。

本の良いところの一つに、筆者の経験を追体験できるという事があります。

つまり**不動産投資の本を100冊読めば、100通りの著者の成功や失敗を共有できる**のです。

不動産投資は失敗すると、数千万円の損害が出てもおかしくはありません。

失敗は成功の母とはいえ、できれば自分では経験したくありません。

しかし不動産投資の失敗談の本を読めば、筆者の失敗を共有することができます。失敗から学ぶ授業料、かたや数千万円、かたや一冊1500円。読書の価値、コストパフォーマンスは、これほどのインパクトがあると私は思います。

私の考えのキーワードである『しらす』も、読書から得られた見識です。

その得られた見識が今、私の信用、そして収入になっているという実感があります。もちろん私は今も、時間のある限り、本を読むようにしています。

その3　行動する

とにかく動く、とにもかくにも動く！　これは最も最も、最も、大事な事です。

何故なら**行動しない限り、何も変わらない**からです。

重要な事なので、もう一度言います。

いくら勉強しても、準備しても、行動しない限り、1ミリも変わることはありません。


『お金がない』

『自信がない』

『時間がない』


日頃、こんな言い訳していませんか?


まさに、行動しない言い訳のベスト3ですね。

お金が…、まだ時期が…、子供が…、嫁の許可が…。

正直、やらない言い訳は無限に見つかります。

ただ何度も言いますが、やらない限り1ミリも変わりません。

人は本当に動かない生き物です。

あなたは石像ですか?と、思うほど人は動きません。(笑)

動かない理由の一つ、防衛本能なのか人は変化を恐れます。

不動産投資に興味があって、勉強やセミナーは沢山受けるけど、最初の一歩を踏み出せない人も多いです。踏み出せない理由は、悪い方に変化する恐怖、つまり不動産投資の失敗（悪い変化）が怖いのです。

ただこれも経験則なのですが、僕の場合、一度飛び込んでしまうと恐れは消えました。私の場合、人より少し鈍い部分があるので、万人に当てはまるとは限りませんが。（笑）

でも私は本気でお金持ちになりたかったのです。その本気の気持ちがあったからこそ恐怖を乗り越え、一歩踏み出したのです。

その時の心境は

『不動産、買ってから考えよう、そして買う以上、必ず成功させる！』でした。

今振り返ると本当に何も知らず、賃貸住宅の知識も何もない中での無謀な決断でしたが、私は一歩踏み出し、実践しながら学び、今に至ります。振り返れば、あの時に動くことが出来て本当に良かったと感じています。

行動の話で、こんな体験があります。ある本で

『**お金はさみしがり屋、なので常に財布に10万円入れておくと、仲間を連れてきてくれる**』

と、ありました。なるほど、と思った私は次の日には実践しました。

そしてお金持ちになりたそうな友人、知人にもこの話をしました。

するとどうでしょう？

なんと、それを実践した人はただの1人もいませんでした。

そして、あれから数年経った現在…私の財布の10万円は、確かに仲間を連れてきてくれたようです。

私があの時声をかけた、友人、知人たちは…

特に数年前と変わらない生活を送っています。

果たしてこの10万円の効果があったかどうかは別として、動けない人は、こういう些細な事でも動かないものなのだと実感しました。

小さなことでも動けない人が、大きなことで動けるでしょうか？

動かないことを悪いというつもりはありません。

ただ、何度も言いますが、動かない限り決して何も変わりません。

これだけは、絶対的な事実です。

7章

地方・北海道の投資事情

●成功できたのは、地元・北海道だったから？

私が7年で6億円規模の物件を運営できるようになったのは、北海道という地方での投資だったという点が大きいでしょう。**プレイヤーが多く、利回りの低い東京では、ここまでの拡大は難しかった**でしょう。

プロ野球・北海道日本ハムファイターズ（札幌市）が２０１９年に優秀な人材を集めるために北海道の魅力を訴えた特設ページを公開して話題になりました。


「47都道府県で最北、最上位に位置しトップ・オブ・トップ。気分が高まる」

「温泉の数日本一で、もはや北海道全体がスパ」

「東京に比べ家賃がリーズナブル」

「スギ花粉症発症率が全国最低。家族が幸せに」

「回転ずしがメチャクチャおいしい」

「ゴキブリとの遭遇率は全国46番目（生活１１０番調べ）」


中には、社員が調べた「東京のアスパラガスは直径12ミリ、北海道の極太アスパラガスは同25

ミリで断面積4.3倍。みずみずしさは次元が違う」というようなジョークっぽいアピールポイントもあり、「北海道に移住したくなった」「噴き出した」と反響を呼んだのです。

観光地としても人気が高く、ビジネスでも人が集中する北海道。

ブランド総合研究所の調査によれば、**魅力的な都道府県のNO.1に8年連続選ばれています。**

さらに魅力的な市区町村（２０１６年）では**函館市は3年連続全国1位、札幌市は3位、小樽市が5位、富良野市が6位にランクイン**しているのです。

全国トップ６に４つの都市がランクインするエリアは、北海道以外にはありません。東京でも横浜、京都でもなく、総合力として北海道の人気は本物なのです。

では、不動産投資の対象として札幌市はどうでしょうか？

札幌は、道内、東京、地方からの人口流入がある大都市で、200万人近い人口を有する、いわゆる北海道での東京のような位置付けをされている政令指定都市です。**特に札幌市中央区、北区の人口は増加傾向**にあります。そして南区は人口が減少傾向で、東区、白石区、厚別区、豊平区、清田区、西区、手稲区は横ばいといった状況です。

また**札幌市内には北海道大学や公立・私立の大学が数多く存在しますので、学生や単身者を対象に絞ったアパート、マンション投資をする傾向**が昔からあります。そういう点では、世界的な観光エリアで、学生の多い京都に似ているかもしれません。

ただし、現在北海道全体では人口の減少に伴い、ビジネス市場も縮小傾向にあり、企業の投資も減っています。なので投資家の中には、北海道は不動産投資に不向きであるという声も少なくありません。

しかし、逆の見方では、**40以上の金融機関が道内にはあり、**不動産投資を行う上での融資環境は、他のエリアと比較するとかなり良いという意見もあります。

さらに、**道内の不動産は高利回り物件が多く、かつては15％以上の利回りを期待できる**物件も珍しくはありませんでした。今でも10％前後はざらにあります。高利回りが実現できるのは、地価が安いからです。もちろんその分家賃も安いのですが、割合で考えると東京と比較して高利回りが維持できています。

また、いい物件があっても実際に購入できなければ意味がありませんが、北海道ではプレイヤー自体が少ないため、馴染みになると業者さんから直で物件情報がもらえたりします。「買います」と言えば優先的に買えるというのは、非常に恵まれた環境です。

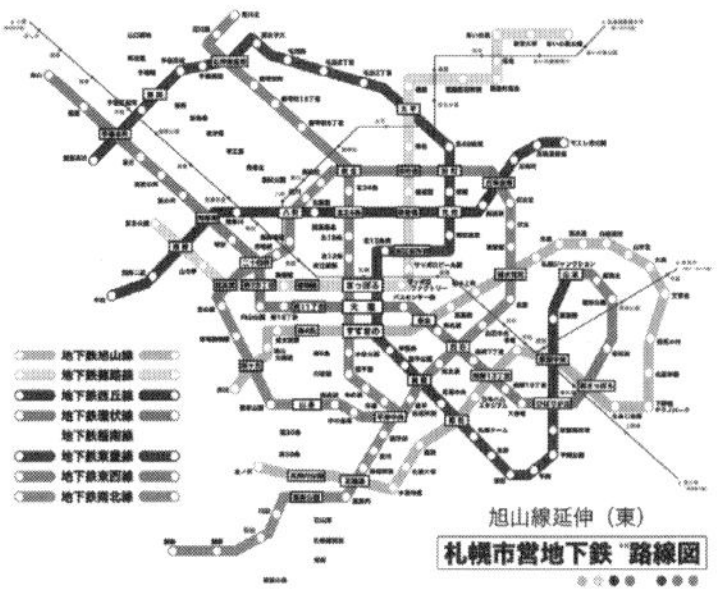

●地方の不動産投資の展望

一方、引き合いに出して恐縮ですが、東京のような都心部で、素人が不動産投資で勝ち残っていくのは相当に大変だと思います。その理由として、次のようなものがあげられます。

①投資家間の競争が激しい

プレイヤーが多すぎて、いい物件は奪い合い、時には買いあがり競争になってしまう。相続税対策などで購入する富裕層も多いので、融資付けにもたついていると現金客にさらわれてしまう。

②利回りが低い

地価が高いため、利回りが上がらない。割安な物件は再建築不可や借地といった難しい物件が多く、融資が付かないため初心者には手が出しにくい。

③競合する物件が多く空室率増加

東京は人口が流入するので安泰だという見方がある一方、新しく建築される賃貸物件も多く過当競争になっており、家賃は下落傾向。空室率も増加している。

物件価格の上昇が望める都心では、「家賃収入と支出の差額であるキャッシュフローはおまけにすぎない。不動産投資では売却したときに得るキャピタルゲインで、はじめて事業が儲かったか決まるのだ」という考え方もあります。

例えば、年間100万円のキャッシュフローが出ている物件を5年後に売ると、5年間で計500万円が手に入ります。しかし、そのときに購入時よりも1000万円下げなければ売れならなかったら、その投資は500万円損をしたということになります。

そこで、地方投資家には、たとえ将来的なキャピタルゲインが見込めなくても、それまでの収益率が高ければ、その穴を埋められるので、**利回りの高い地方のほうが不動産投資には向いている**とみる人が多いようです。

地方では珍しくない、利回り20%の物件であれば、5年で投資額を回収できます。たとえ田舎でも、相場1000万円の物件を半額の500万円で市場に出せばすぐに売れるでしょう。

それゆえ、**地方での不動産投資法は、「利回りを意識して買う」**ことが重視されます。

空き家、ぼろ戸建て投資もブーム

●自分の強みのある地域で、地縁、人脈を生かした投資を

よく、**「田舎の物件は本当に借り手がいるんでしょうか？」**という質問を受けます。たしかに、賃貸需要があるのか心配になる気持ちもわかります。

でも、世間が思っている以上に入居者はいます。

例えば、戸建て物件。田舎では土地に余裕があり、広い戸建てに住む人が多いですから、世帯の荷物が多くなるので引っ越しが面倒になります。田舎でも戸建ての賃貸需要が高く、賃料もそこまで大きくは下がっていきません。

相続放棄した空き家を手に入れて、ざっと直して貸した場合、家賃は5〜6万円、下がってもせいぜい3万円です。アパートだったらエアコン付きで、バス・トイレ別で1万円台もありますが、戸建てを求める子育て世帯は、安すぎる物件はかえって警戒します

また戸建ての場合、売却の際には住宅ローンで家を買う実需層を狙えるのも強みです。この層を狙えたら、自分が500万円で買った物件を、リフォームして転売益を狙うことも可能になります。

●田舎は都心よりも便利な、クルマ消費社会

田舎には鉄道やバスが走っていないエリアもあるので、不便なイメージがあります。しかし、たいていの住宅地であれば、車で駅まで10分足らずで出られますし、国道や県道が多いので周辺には大きなスーパーやドラッグストア、ボーリング場や巨大カラオケなどの複合アミューズメントといった商業施設がたくさんあります。

住んでみればわかりますが、**日本の田舎は完全なクルマ社会で、街道沿いにすべての生活を支えるナショナルストアやチェーン店がそろっていて、**高額な駐車場を維持しにくい東京の都心よりも便利な消費市場機能を持っているのです。

おそらくこれは北海道でも長野でも鹿児島でも、さほど変わらない「日本の郊外の光景」で、そこに住む地元の人からすれば、「どこにいっても同じ光景」なのです。

もちろん、賃貸需要があり、地元の管理会社と連携がと

れることが大前提ですが、より確実な利回りを求めるのであれば、田舎であることは別に大した阻害要因とはならないと考えます。

むしろ、**仕入れ値の低さや競合となる投資家の少なさは、レッドオーシャンの都心投資よりも優位で安全**ではないでしょうか。

●土地勘のない東京の投資家にとってはリスクも

地方のほうが利回りがよいので、東京の感覚では格安感があります。そこで、東京の投資家が、地方の案件を紹介される話も多くなるのですが、土地勘のない投資家にとっては危険な話を自分では判断できないというリスクがあります。

私は競合の多い札幌を避けて、地元の千歳を中心に投資をしています。

北海道の人口動態でみれば、札幌、千歳のみが増えていて、需要が大きいからです。

それと、千歳は比較的町がコンパクトにまとまっていて、新しい物件がなかなか出てこないので、地縁、ご縁で仲間内の情報で決まってしまうという、**「閉鎖サークルの情報管理」で勝負がきまりやすいという特性**もあります。

私は千歳市の隣町の田舎出身ですが、今は千歳市が地元になった感じです。他では、北広島市もいいエリアです。ちなみに、私の持つ１０３部屋で、今の空き室は1部屋だけです。

コラム❺ 満室経営の極意は、大家自身が満室になると信じること！

日本の賃貸物件の空室率のデータをみると、地域差はありますが大体全物件の25～30％となっています。つまり、**物件稼働率は70～75％が平均**ということです。

少子高齢化が進行する中、このままでは日本の人口は更に減少していく事は確実視されており、更なる空室の増加が懸念されます。賃貸経営受難の時代です。

賃貸経営において、空室は最も恐ろしいリスクです。空室は何も生まないどころか、管理費・維持修繕費・固定資産税などのコストがかかり続けるため、持っているだけでマイナスになります。

また、運営状況に関係なく毎月の返済額は一定です。家賃は返済の原資なので、空室が続けばいずれ返済不能に陥り、最悪の場合は破産するしかありません。

やる気があり、優れた管理会社さんでも、稼働率の上限は95％位のようです。95％稼働でも、賃貸経営の現状を考えれば立派な数値かもしれません。

しかし、私はその更に上を目指したいと考えています。

目指すのは100％の稼働、満室経営です。

今までの経緯でも、稼働は悪くても97％程度、現状は99％です。

私は満室経営に絶対のこだわりをもっています、なぜなら、賃貸経営の旨味は、**稼働率95％以上の部分から得るものが大きいと実感**しているからです。

仮に満室想定年収3000万円、稼働率70％以上の収入がキャッシュフローだと仮定し、95％時と100％時のキャッシュフローを計算すると

満室時＝900万円

95％稼働時＝750万円

部屋数や部屋ごとの家賃などを考慮していない非常に単純な計算ですが、**見かけ上5％の差が、キャッシュフローに直して考えると実に18％近い差**になってきます。

賃貸経営において、実際に資金を回していくのはキャッシュフローです。この18％を取れるか取れないかで、賃貸経営の旨味が変わってくると思います。

賃貸経営は稼働率100%、満室にすることが目標です。満室こそ最大効率であり、理想であり、分かりやすく言うと、それ以上やることがない状態です。(笑)

実は、満室にする為に、非常に重要な大大大原則があるのですが、意外にこれができていない大家さんが多いように感じます。それは…。

『保有物件が満室になると信じる』

ということです。何を今さら…。当たり前すぎて拍子抜けしてしまうかもしれませんが、空室に慣れて、空室の状態に甘んじている大家さんが意外に多いのです。考えてもみてください。**大家さん自身が満室になると信じていない限り、満室になるはずがないのです。**

満室を信じることで、客付け会社さんや入居者さん、管理会社さんへのアプローチの方法も変わってきます。

稼働率90%で良いのか、95%で良いのか、それとも100%なのか。どこを狙うかでも、アプローチ方法は変わります。当然、高稼働を狙えば狙うほど、より本気の行動が必要になります。

ただ、一つ言えることは、95%以上の稼働率を狙う場合は、間違いなく『しらす』の精神(8

章参照）が重要になってくるということです。

高稼働の賃貸経営において、協力者は絶対に必要です。

実際にお客様を案内し、入居につなげてくれる不動産会社さん、日々の管理を行ってくれる管理会社さん、原状回復をしてくれる工務店さんなど、満室は、一人の力では決してなしえないのです。満室に向かって多くの方の協力を得る為には、大家さん自身の人間力が重要になってきます。

決して、驕り高ぶってはいけません、上から目線で怒ってもいけません。そのような大家さんには、本当の意味の協力者は現れないと思うからです。満室こそ『しらす』の精神が重要なのです。

8章

私が実践する『しらす』の不動産経営とは？

●「しらす」という考えと出会う

私は、不動産事業経営をするときの自分のスタイルを「しらす」の心と呼んでいます。それは、日本の**皇室に長く伝承されてきた「奇跡的な精神の在り方」**なのです。

不動産投資書籍で、そんなことに言及する者は私以外にはいないと思いますが、数億円の借金にも動じないメンタルブロックの外し方、ビジネスマインドの在り方に繋がる重要な理念なので、お伝えしたいと思います。

自分は子供のころから、戦争や歴史に興味がありました。

特に、太平洋線の特攻隊の記録については、異常に惹かれるというか昔から気になるのです。自分の前世は特攻隊だったんじゃないかと思うほどです。

「きけわだつみのこえ」などに触れると、家族に残した遺書や日記も、素晴らしくて、筆も達筆で感動で心が震えます。実は、祖父の兄が戦争で死んでいて、子供の頃からその話も聞いているので、余計に他人事ではありません。

当時の若者は、迷いもあっただろうに、潔よいというか、運命を受け入れていますよね。

昔の人はなぜあんなに優秀だったのでしょうか？

どういう教育を受けたのでしょうか？

気になって日本の歴史、日本人の精神的なルーツの一つである天皇家の歴史が書かれた「古事記」や、**天皇家が2500年以上、120代以上も続いている理由**（＊諸説あります・編集部）を自分なりに探った時期があるのです。

日本の古い言葉に、「しらす」いう言葉があります

その反対語に、「領く（うしはく）」という言葉もあります。

私は不動産賃貸業は、一国を治める事業と考えておりますので、この「しらす」という言葉に強く惹かれました。後で説明をしますが、これこそ、不動産経営を成功させる神髄であると信じています。

伊勢雅臣という方が、創刊20年となる殿堂入りメールマガジン『国際派日本人養成講座』を出されて、同名の書籍にもなっているのですが、その中に井上毅（いのうえこわし）という、伊藤博文と共に大日本帝国憲法や皇室典範、教育勅語、軍人勅諭などの起草に参加した人の話が出てきます。

少し長くなりますが、引用しご紹介させてもらいます。

●皇室を支えた「しらす」とはなにか？

■1.「しらす」と「うしはく」

井上毅は、これから起草する憲法の根幹とすべき「民族精神・国民精神」を求めて、徹底的な国史古典研究を続けたが、その過程である重要な発見をした。

それは古事記において、天照大御神（アマテラスオオミカミ）が出雲の支配者である大国主神（オオクニヌシノカミ）に対して、国譲りの交渉をする部分である。

「大国主神が『うしはける』この地」は、「天照大御神の御子が本来ならば『しらす』国であるから、この国を譲るように」とある。

井上はこの「うしはく」と「しらす」がどういう違いを持っているのか、調べてみた。すると、天照大御神や歴代天皇に関わるところでは、すべて「治める」という意味で「しらす」が使われ、大国主神や一般の豪族たちの場合は、「うしはく」が使われていて、厳密な区別がなされていることが分かった。

■2.「しらす」とは、国民の喜び悲しみを「知る」こと

井上はここに日本国家の根本原理があると確信した。「しらす」とは「知る」を語源としてお

り、民の心、その喜びや悲しみ、願いを知ることである。そして、それは民の安寧を祈る心につながる。

たとえば、今回の大震災に関しても、天皇皇后両陛下は何度も被災地を訪れ、避難所で膝をつきあわせて、被災者たちの声を聞かれた。被災者たちは国家を象徴する天皇に自分たちの苦難を聞いてもらうことで、自分たちは孤立しているのではない、国家国民が心配してくれているのだ、と勇気づけられる。

またそこから明らかになった被災者たちの苦しみを少しでも軽減しようと、自衛隊や警察、ボランティアなどの人々が救援活動を展開する。これが「しらす」による国家統治の原風景であろう。

歴代天皇は、天照大御神から授けられた三種の神器を受け継がれている。その中で最も大切な鏡は、曇りなき無私の心で民の心を映し出し、知ろしめすという姿勢の象徴である。

これに対し、「うしは（領）く」とは、土地や人民を自分の財産として領有し、権力を振るうことだ。北朝鮮で数百万人の

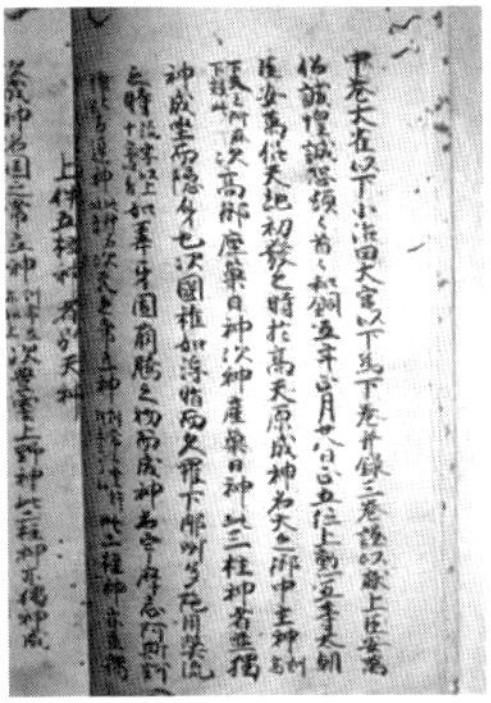

『世界が称賛する 日本の教育』扶桑社刊行より　天照大御神と古事記写本

人民を餓死させながらも、金正日が贅沢の限りを尽くし、同時に核開発を進めて自らの権力を誇示していたのは、「領く」の一例である。

●「しらす」の不動産経営

今まで聞いたことがない、目新しいこの言葉に私は衝撃をうけました。

特に神道の家に育ったわけでなく、宗教心が深いわけでもなかった自分ですが、天皇家が2500年以上、120代以上も続いている理由が腑に落ちた気がしたのです。

「しらす」とは「知る」を語源としており、民の心、その喜びや悲しみ、願いを知ることである。そして、それは民の安寧を祈る心につながる。

明治の日本の精神的基盤を作ろうとした井上氏は、ここに**日本国家の根本原理がある**と確信したわけですが、私も「しらす」の思想で、利益を求めるだけではない「信頼と愛のある不動産経営」をするべきではないのかと思うようになるのです。

いくら事業で成功しているように見えていても、一国を治める不動産賃貸業のスタイルが、権力をふるうという「領く」であれば、その事業の継続は難しいでしょう。

なぜなら、そのやり方に人はついてこないからです。

その事は、歴史が証明しています。残念ながら、世の中にはこの「領く」大家さんが多いように感じます。


「しらす」この言葉がいかに重要で有用であるか、その事も歴史が証明しております、この日本と皇室が今こうして存在していることがその証拠です。

自分の支えになる教えを知ったことで、**自分の中に軸がある**ことで、ぶれず、恐れず不動産経営ができるようになったことは、「お金持ち列車」に乗るうえでも、とても重要なことだったと思います。


実は私は、地震津波の夢を定期的に昔から見ます。予知夢ではなく、福島とも関係なく津波の夢をみるのです。もしかすると前世で体験したことではと思うのですが、異常に戦争に惹きこまれることも、特攻隊員の少年が書いたカミカゼの遺書に反応してしまうことにも、何か意味があるのかもしれません。

「この世界には偶然はない」という、スピリチャアルへの感度が高いのかもしれません。

そういうこともあって、私は出会いを大事にします。

「不動産経営＝国を治める」そのような意識をもって、運命的な出会いを招く「しらす」のチーム、ネットワークを作ることで、強い経営環境をもつことができるのではないか、という気持ちでいます。

●「しらす」の経営、そのルール

～ルールその1～「怒らない」感情のコントロール

事例：銀行融資が通らず、銀行の融資担当者や、物件の営業担当者に、怒りをあらわにする。
各担当は、基本的には融資がＯＫになるように、全力でご努力いただいているはずである。なのに、その行動、気持ちに想像力が及ばず、ましてや怒るなど論外である。たとえ融資がＮＧだったとしても、自分のために貴重な時間を割き、ご尽力頂いた、担当の方には大いに感謝するべきである。

感情をコントロールできない人は、お金もコントロールできない。

～ルールその2～「文句を言わない」自責の念を持つ

事例：自身の物件の入居者様に問題が発生（家賃交渉、家賃滞納、夜逃げなど）した場合、そのお客様を客付けした会社や管理会社のせいにして文句を言う（悪口を言う）。客付け会社に管理会社の悪口を言ったり、その逆をやっていたりする。

世の中、良いことも悪いことも起きる。良いときはいいとして、悪いことが起きるたびに人のせいにしているようでは人はついてこない。誰かの悪口を言っている人は、陰で自分の悪口も言っている。

自分の周りで起こることは、良いことも悪いことも、自分の責任と思うことである。そうとらえた方が、問題の解決も早いし、楽である。

～ルールその3～「相手を知る」力を引き出す「しらす」感謝、信頼

事例：ある物件の空室を客付けしてもらうよう、客付け会社さんに営業に行き、初めての担当者さんに会う。

その方とご挨拶、名刺交換、お話していく中で、その人の趣味、家庭環境、兄弟の数、結婚の有無、子供の数、結婚していなければ交際相手はいるのか、乗っている車は何か、両親との関係、幼少期の育ち方、経済力、地元はどこか、服の趣味は、好きな食べ物は…等。

様々な角度からその方について、知るように努力する。

もちろん、いきなりそんな根掘り葉掘り質問をするわけにはいかないので、ある程度カンと想像でデータを埋める。間違っている場合も多いので、後日修正する場合も多いが、**大事なのは、その人を知ろうとする気持ち**である。

次の段階は、自分の中で出来上がった、その方の人物像をどのようにすれば、その方の能力をフルに発揮できるか考えて接するようにする。

客付け会社様を例にとると、たとえば、面倒なことが嫌いなタイプの方だと、自分は後で文句を言わない大家であることをアピールする。まじめなタイプの方であれば、お願いすると同時に、広告料のアップを提案する。

要は人に合わせて対応を変えるということなのだが、普段はペコペコしているくせに、自分が客で上の立場になると急に横柄な態度になる

人のような、次元の低い話ではない。

愛情の反対語は無関心である。

その人を知るように努力し、その人を知り、力を出し合い、共に助け合うこと。

相手を知り、力を引き出すこと。

相手に感謝し、信頼すること。

これこそ「しらす」の経営である。

●不動産会社、管理会社との「しらす」流お付き合い

この業界は、ご縁を大切にしないと大成できないと思っています。

物件を紹介してくれる人、管理してくれる人、募集してくれる人、入居してくれる人、**全ての人の気持ちになって付き合う事がなによりも大事**です。

「しらす」でやっていれば、いつの時代でも生き残れると思います。

私は若いころは転職が多かったのですが、今から思い出せば、どんな仕事も無駄にはなってい

ません。介護士時代や、量販店での接客で対人スキルが鍛えられたと思っています。
日々すべてのことが、自分を鍛える訓練になっていたと感じています。
どんな場所でも自分で自分を育て、成長することはできます。
自分の**器を大きくすることが大切**だと思うのです。

まとめ

■誰の為の不動産経営か忘れないようにする
■まずは入居者、支えるチーム
■感謝の心は忘れやすいので、毎日、毎日、感謝する！

コラム❻　私を変えた名言10選＋α

先のコラムでも触れましたが、本ほどコストパフォーマンスに優れた教材はありません。一冊数千円程度の投資で、世界のありとあらゆる賢人・偉人・成功者たちの考え方や知恵を学ぶことができるのです。

ここでは、私が最も感銘をうけた名言と、その言葉が書いてある本をご紹介いたします。ぜひ読書の参考にしていただければと思います。

感謝の心が
高まれば
高まるほど、
それに正比例して
幸福感が
高まっていく。

松下幸之助

ニコニコ
することは、
いわば「運」を
引き寄せる行為。
自分をパワー
スポット化する
行為、と言っても
いいです。

美輪明宏

『でっかくでっかく
考えろ。
一万倍に考えろ。
がむしゃらにやれ。
お金は後から
付いてくる』

ドナルド・トランプ／著
「でっかく考えて、でっかく儲けろ」

『幸せを願い、
他人を助けたいとは
思っているが、
そのための寄付は
一財産作るまで
待とう、という考えは
間違っている』

ジョン・D・ロックフェラー／著
「お金の教え」

世界三大言い訳
『自信がない』
『お金がない』
『時間がない』
※いつもこんな言い訳してませんか？

トニー野中／「世界の大富豪
2000人がこっそり教えてく
れたお金と引き寄せの法則」

『たとえどんな
大悪人であっても、
自分が間違っている
とは思っていない。
罪を認めさせるのは
困難である』

デール・カーネギー／著「人を動かす」

『神は
全てを
良しとする』

マドモアゼル・愛／著

『自分の器を
大きくする』
『コインの
裏を見る』

トニー野中／著　「世界の大富豪
2000人がこっそり教えてくれたこと」

『やってみよう』ではない『やる』のだ!

トニー野中／著「スターウォーズから学ぶ、自分を成長させる方法」

『天之御中主《あまのみなかぬし》様お助けいただきまして、ありがとうございます』

斎藤一人／著

『成功者の真似をすれば成功できる』

國分利治／著「地道力」

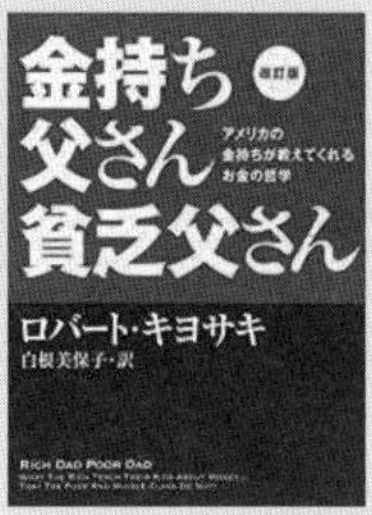

『何を知っているかではなく、誰を知っているかだ』

It's not what you know, but who you know. ／ヘンリー・フォード

『リスクなく、豊かに、幸せに生きていく世界があると信じる、自分はその世界に行くことができる』

『お金はひとつの考え方に過ぎない。あると思えばあるし、ないと思えばない』

金持ち父さんシリーズ

9章

特別対談　Vシネ大家×末岡由紀（後半）

（「お金持ち列車の乗り方」著者）

●特別対談　末岡由紀氏：Vシネ大家（後半）

司会：前半では人の目利きが大事だというお話がでましたが、次は物件の目利きというところで、購入の決め手や、交渉術、いい物件の探し方のアドバイスを教えていただければと思います。

Vシネ大家：今の流れでいくと、いい人からの話であれば、いい物件です。

末岡：でも中には、自分の気に食わないのも多少はありますよね。

Vシネ大家：あります。（笑）僕は自分が知っている範囲の物件にしか手を出さないです。でも条件は、ある程度駅に近いとか、間取りが変じゃないとかくらい。

これは100点だと思っても、買って所有した後に粗がみえてくると嫌な気がするので、どちらかというと70点とか80点ぐらいの物件を、僕の努力で100点に持っていくっていう感覚でやっています。

買ってはいけない物件は、明らかに駅から遠いとか、ニーズから外れている物件。札幌以外だったら駐車場がない物件とか。利回りだけ上げるための物件は、ちょっとやめた方がいいのかな。

自分の好きな場所でいけるなと思ったら、最終的な判断はやっぱり自分で。ここはいいなと思ったら、とことん買えるために努力をするということです。いい人から来た物件って、あんまり変な物件はないですよ。

◆好きな物件、嫌いな物件のタイプ

司会：新築中古、木造RC、いろいろなタイプの物件があると思うのですが、好きな物件、嫌いな物件のタイプなどは？

Vシネ大家：今は手間がかからないから、新築が好きです。

セミナーでもよく話しますが、古いのを買ってちょっと苦労したので。最初に買ったアパートが、一番手間がかかりました。

土地は広いんですけど、買ったときに住民さんに、「駐車場が泥でぬかるんでたまらん」って言われたので、自分と業者さんの2人で原価で砂利を引いて、半日かけてならしたんですけど、二度とやらないっていうぐらい疲れました。（笑）

あと、そこに10年以上住んでいた方がたちどころに2室抜けて、上の部屋が家賃3万円なのに原状回復に50万円ぐらいかかって、下はもっとひどくて100万円もかかってしまいました。

古い建物はやはり建物のトラブルも多く、トイレの水が流れないとか、ドアノブが壊れたとか。他にもタイルが落ちるというような物件もあります。

司会：やっぱり新築がいいですか。

Vシネ大家：中古で落ち着いている所があればいいんですけど、なかなか築30年超えてくるといろいろあります。（笑）　最近、築12年の中古を買ったのですが、それぐらいがいいですね。

初心者の方には、新築の一棟ものをお勧めします。理由は、土地がある新築のほうが、初心者でも融資が受けやすい点と、規模がある程度あるほうが、空き室対策がやりやすい点ですね。

司会：今、融資が非常に厳しいと言われている状況の中で、実際に金融機関と接してこられて、有効な交渉術があれば、ぜひアドバイスを。

Vシネ大家：交渉というのは、自分はあんまりやらないんです。買いたいっていう熱い思いを伝えるくらいですかね。
末岡社長の本にも「金利を0.1上げる」と書いてありましたけど、僕はあんまりテクニカルな内容で交渉はしません。とにかく誠実さを出す対応をしています。断られたとしても必ずお礼を言って、ご足労おかけしましたといつも言っています。ここにきて融資が厳しくなってきていますが、必ず突破口はあると思っています。

◆大家業を通して実現したい夢は？

司会：大家業を通して実現したい夢、目指すべき方向があれば教えてください。

Vシネ大家：末岡社長にも通じる部分はありますが、世の中のファイナンシャルのリテラシーを上げたいなと。お金持ち学校みたいなものを作って、お金に困る人、お金があればなんとかなる人をサポートできたらと思いますね。
日本の教育では、勉強していい成績を取っていい会社に入って、いい給料をもらうっていうのが普通にエリートじゃないですか。でも、そういう人たちって税金やフィナンシャルの知識って、僕も接していて分かるんですけど、全くないんです。本当にもったいない話で、もう少しリテラシーがあれば、世の中も回るかなと思います。
それこそ、不動産を一人一戸持つような時代が来たら不動産市場も活性化しますし、お金に余裕があれば極端な話、社長のように子だくさんになる。（笑）
結局は日本を救うことになっていく。

末岡：みんなで、子どもを作る。（笑）

Vシネ大家：そう。少子化になっている理由って、けっこう経済的な部分が大きいと僕は思うんです。単純に子どもは欲しいけどお金がないっていう。

末岡：誰のリテラシーを上げたいですか。まずは身近なところで。

Vシネ大家：まずは、自分の子どもです。帝王学を学ばせる。（笑）社長の本にも書いてありましたけど、今友だちが遊んでいたとしたら、「あの中の誰かがお前にお金を借りに来るから、貸すな」って言いたい。（笑）

もう一つは、日本はけっこう災害が多いので、災害に強い建物を提供したいですね。特に海岸でいうと津波にも耐えられるもの。

昔から津波が来るところって便利な所なんです。そういう所にしっかりした建物を造って、いざというときに命を守る。住民の人に安心して住んでもらえるような建物の提供です。

◆誘惑や欲望に打ち勝つには？

司会：今、お金が入って来る仕組みづくりをされて、これまで買え

なかったものを買えるようになると、欲望が芽生えてくると思うのですが（笑）

Vシネ大家：飲みに行かない。まずはそれで十分です。（笑）

末岡：負けています（笑）

Vシネ大家：こういう仲間とかと飲むのはいいんですけど、お姉さんがいる所はちょっと危険です。

末岡：やられています。（笑）

Vシネ大家：やられているんですか。社長、駄目じゃないですか、本のあれと全然違う。ノンフィクションじゃないですよね、あの本は。（笑）

僕は昔から車が好きなので、加藤ひろゆきさんの本にならって、激安高級車っていうのは買いましたけど、それぐらいですかね。本当に安かったけど、すごくいいですね。

◆読者へのアドバイス

司会：読者の皆様に、何かアドバイスを。

末岡：Vシネ大家さんが、ここ6年で貯金30万円から3000万円ぐらいに変われた理由。それは人や不動産物件との出会いによって、自分の頭の中で行動の分岐点がポチっと変わった、たったそれだけだと思うんです。

でも、そういったスイッチって、普通の人が普通の生活をしていても気付けない。普通じゃない考え方をしている人の近くにいったり、本とかで学ばない限りは、自分の人生の方向を変えることは、なかなかできないと思うんです。

Vシネ大家：僕もそうだったんですけど、まず「お金持ちは悪だ」っていう考えはぜひ捨ててください。お金に対してネガティブに、良くないと思っているうちはお金持ちになれない。

今は堂々と、僕は「お金が好きだ」と言えますけど、僕も抵抗感があった。なかなか日本人ってそういうふうにオープンにできないと思うんです。そこをまず壊すべき。

そして投資本では、さまざまな専門的なアドバイス情報を得られると思いますが、僕が本書で伝えたいのはそういうところじゃなくて、もう少し根源的なこと。

例えば「人の悪口を言わない」とか、当たり前のことなんですけど、それがけっこう重要で、まずは「お金より信用を」そういう地道なところから生き方を変える。いきなりは無理なので、まずは自分の言動を変える、行動を変える、少しずつ変える。

本書でも書いていますけど、テクニカルな技も情報ももちろん大事ですが、古代から日本の伝統的思想である「しらす」の心を大事にする。地味ですが、それを7年続けて今があるのかなと思います。

末岡：7年前、Vシネ大家さんも毎日サラリーマンとしてくたくたになって働いて、未来が見えなくて不安だった。その時偶然知り合った変なおじさんの話を聞いてチャレンジしたらなんかうまくいった。この本が、読者のいろんなスイッチを押してくれたらいいですね。

過去の7年前のVシネ大家さんに届けたいですね。（笑）

Vシネ大家：ほんとにそうですね。（笑）

先が見えなくて悩んでい

る方に読んでほしいです。末岡社長の書き方とはまた違うのですが、僕のようなものでもお金持ち列車に乗れた、それはどうしてなのか、自分なりの理由を書いています。

司会：本日はどうもありがとうございました。

あとがき

本書を最後までお読みいただき、ありがとうございました。

不動産投資の世界に入って7年、私の環境は劇的に変わりました。

本書では「お金持ち列車に乗れた」と表現していますが、不動産投資に出会って収入も増え、付き合う人たちも変わりました。

なによりも、私自身の視野が広がり、知識が増え、考え方も変わりました。

ただのサラリーマンだった自分が、ここまで変われたことを振り返ると、本当に不思議で有難いことです。

そして本書を執筆中に、サラリーマン生活を卒業することができました。

引退した今、感じていることがあります。

それは、日本の四季の移ろいの美しさです。

日中の斜陽、雨の後の虹、晴れ間の美しさ、木々の移ろいの美しさ…

挙げればきりがありません。

超多忙だったサラリーマン時代の生活では、時間と心に全く余裕がありませんでした。このような美しさに気づく事もなく生きてきたかと思うと、本当にもったいなかったと感じます。

この世は本当に広く、面白く、自分の知らない世界、知識で溢れています。様々なよき出会い、出来事、市況、全てが絡んで今の自分があります。もしサラリーマンだけしかやっていなかったら、決して知りえない世界だったでしょう。

この頂いたご縁、この人生をさらに皆様のお役に立てるよう、精進していきたいと思います。

新しい知識に出会えることは楽しみでもあります。

私はこれからも、動きながら学んでいきます。

『この世にリスクなく、豊かに、幸せに生きていく世界があると信じる、自分はその世界に行く事が出来る』

これはロバートキヨサキさんの本「金持ち父さん貧乏父さん」の中に出てくる、金持ち父さんの言葉です。
私はこの言葉が大好きで、絶対にこのような世界に行こうと決めています。

そして、より多くの方を『しらす』、『しらさせて頂く』事で、この世をより良く、より楽しく、豊かにしていく事が私の最終的な目標です。

この目標は夢ではありません。
今までもそうであったように、必ず実現させます。

最後に
この本の出版にご尽力頂きましたクラブハウス出版の河西社長
話題書「お金持ち列車」の著者、末岡社長
他、私のメンターになって頂いた方々

私の物件に入居されている方々、管理していただいている方々
及び全ての関係者の方
そして親族、家族、妻、３人の子供達

ありがとうございました。

令和2年　春　Vシネ大家

著者：Vシネ大家

1978年、北海道生まれ。高校卒業後、様々な業種の会社に勤務。

交通事故、長期入院、無職も経験するが、大手量販店在職中に、メンターと知り合い、不動産投資の道に入る。

6年で部屋数100室を超えるサラリーマン投資家となり、退職。現在の年間家賃収入6000万円。古来皇室に伝わる「しらす」の精神を経営哲学とし、経験とノウハウを志のあるサラリーマン大家さんを目指す人たちに伝えようと本書を刊行。

Vシネ大家というペンネームは、文字通り、見た目が濃い顔立ちから名付けられた。愛妻家で、3人の子供を持つ。

不動産投資で「お金持ち列車」に乗ってみた。

発行日　2020年4月10日 初版
著　者　Vシネ大家
発行人　河西保夫
発　行　株式会社クラブハウス
〒166-0003 東京都杉並区高円寺南4-19-2 クラブハウスビル3F
TEL 03-5411-0788(代) FAX 050-3383-4665
http://clubhouse.sohoguild.co.jp/

編集協力／河西麻衣
カバーイラスト・カット／丘邑やち代
装丁・本文デザイン／Tropical Buddha Design

印刷　倉敷印刷

ISBN978-4-906496-59-4　C0034